JN064799

改訂版

留学生・日本で働く人のための

ビジネスマナーとルール

武田聡子・長崎清美 ●著

特定非営利活動法人 日本語教育研究所 ●編

日本能率協会マネジメントセンター

はじめに

日本で働くみなさん、海外で日本人と一緒に働くみなさんへ

　社会人になると学生のときと違って、いろいろな人に出会うことになります。同じ国の人でも人によって考え方は違いますが、文化が違えばその違いがもっと大きくなるのは当然のことです。これから、みなさんと私たちはその違いを理解して、一緒に仕事をすることになるわけです。

　マナーは私たちが気持ちよく生活していくために必要なものです。そのマナーが国によって違います。みなさんが「いい」と思っていることが、日本では「よくない」ことに、日本人が「いい」と思っていることが、みなさんにとっては「よくない」ことになってしまう場合があるのです。つまり、マナーを知らないと、気づかないうちに失礼なことをしてしまう可能性があり、仕事がスムーズに進まなくなってしまうかもしれません。

　私たちは、今まで多くの留学生や外国人社員の方たちに関わる仕事をしてきました。そのとき、外国人も日本人も悪気はないのに、マナーの違いを知らないためにお互いに誤解をしていると思うことがたくさんありました。その経験をもとにこの本を書きました。

　社会には、いろいろなマナーがあります。そのマナーをただ覚えるのではなく、どうしてそんなことをするのか考えながら学んでください。きっと、日本について、日本人について、新しい発見があると思います。

　この本に書かれていることは、日本の社会で一般的に考えられたり、行われたりしていることです。といっても、会社によって仕事の内容によって、考え方や方法はさまざまです。実際に仕事をすることになったときは、その場所のルールに従ってください。

　みなさんの力が十分に発揮できますように、私たちは応援しています！　そして、みなさんと一緒に働くのを楽しみにしています！

指導する方／サポートする方へ

　マナーは国によって、また、世代によっても考え方が違います。この違いは優劣ではなく、ただの「違い」です。どうぞ日本のマナーの押し付けにならないように進めてください。なお、ご自身の経験をお話になる場合は、「1つの例」として扱ってください。マナーに対する考え方は、さまざまであり、「日本の会社では」「日本人は」とひとくくりにできないからです。最後に、こちらから教えるばかりでなく、学習者の国ではどう考えるのか、なぜそう考えるのかを語ってもらいましょう。そして、みなさんにも、学習者から大いに学んでいただきたいと思います。

　なお、改訂版では、「テレワーク」という節を追加しました。また、社会の変容による働き方の変化を踏まえて、説明の一部を書き直しています。指導なさるみなさんも、世の中の動きにアンテナを張り、本書の内容に最新の情報を加えていっていただきたいと思います。

特定非営利活動法人 日本語教育研究所

武田 聡子 ／ 長崎 清美

3

改訂版　留学生・日本で働く人のためのビジネスマナーとルール

もくじ

第1章
ビジネスコミュニケーション

第2章

ビジネスのルール

第3章

社内のマナー

第4章

社外のマナー

CONTENTS

第5章
ビジネスのスキル

別冊　「解答と解説」

ダウンロード特典について
本書の特典として、ワーク「理解を深めましょう！」をダウンロードできます。
授業後の提出用や繰り返し学習用にぜひご活用ください。
ダウンロードサイトURL：https://www.jmam.co.jp/pub/9072.html

本書の使い方

ふりがな

おおむね日本語能力試験 N3 以上の漢字やことば（語彙）に、ふりがなを付けています。

---

1 電車の事故で遅刻をしましたが……（時間厳守）

「自分なら、どう思いますか？ どうしますか？」

私は電車通勤をしています。私が使っている電車は事故が多くて、よく電車が遅れて遅刻します。そのときは、駅で「遅延証明書」をもらって会社に提出しています。今日、先輩に「遅延証明書を持ってくれば、それでいいということではないよ」と言われました。でも、入社したとき、「電車が遅れたときには、遅延証明書を持ってきてください」と言われました。私がしていることは間違っているのでしょうか？

クイズに答えましょう

問題　取引先を訪問することになりました。約束の時間は午前10時です。次の①〜③のうち、取引先の会社の受付に到着するのに一番いい時間と理由はどれでしょうか。

① 午前10時：約束の時間ちょうどに行くのがマナーだから
② 午前9時50分：受付の人から担当者に連絡してもらうので、少し余裕を持って訪問したほうがよいから
③ 午前9時30分：電車の事故などで遅くなるといけないので、早めに到着して、受付の人に到着していることを伝えておくとよいから

答え（　　　　　　　　　　　　　　　　　）

46

理解しましょう

1. 時間に対する考え方

日本人が時間に厳しいことはよく知られています。日本の電車が時刻表どおりに運転されているのも有名です。日本では、時間厳守することを子どものころから教えられます。余裕を持って行動できるように、時計を5分早めておく人もいます。そのため、「時間にだらしない人は、すべてにおいてだらしない」と考える人も多いのです。特に、仕事をするうえで時間厳守は最低限のマナーです。

2. 就業時間の考え方

仕事が午前9時に始まる場合、午前9時に会社に着いていればよいと考える人もいるでしょう。就業規則※にそのように書いてあるのですから、当然かもしれません。しかし、就業時間は仕事を始める時間のことですから、午前9時には、仕事が始められる状態になっている必要があります。仕事が午前9時に始まる場合、一般的には10分前には出社しておくとよいでしょう。❌

仕事を始める時間だけでなく、終わる時間にも同じことがいえます。就業時間が終わってから、机の上の片付けや帰り支度を始めます。また、仕事をするうえでの締め切りについても時間厳守が求められます。もしも、締め切りに間に合いそうもないときは、そのことがわかった時点で上司に相談するようにしましょう。締め切り日になってから「間に合いません」と言うのでは、その仕事の終了を待っている人に迷惑をかけることになります。

3. 遅れるときの対応

「5分前集合」ということばを知っていますか。約束の時間の5分前には集合するという意味です。日本人と待ち合わせて、約束の時間ちょうどに行ってみると、すでに全員が集まっていたといったことがあるのではないでしょうか。

約束の時間に遅れてはいけませんが、遅れるときは、できるだけ早く連絡することが大切です。また、「連絡したからいい」ということではありません。遅れて到着したときは、きちんとおわびをしましょう。なお、連絡は必ず相手に伝わる方法で行いましょう。一方的なメールでの連絡などは、相手がいつ読むかがわかりません。電話などで相手に直接伝えることが一番望ましいですが、既読機能※のついた SNS（Social Networking Service）

※就業規則
第2章第2節で詳しく説明しています。

❌ ただし、出社時間の考え方は、会社の習慣によって違いますので、先輩に聞いておきましょう。

※既読機能
相手が読んだことが送った人にわかる機能で、色が変わる、チェックマークが付くなどがあります。

47

Step1 「自分なら、どう思いますか？ どうしますか？」

イラストを見て、どのような場面なのか想像しましょう。そして、悩んでいる人の問題について、自分ならどうするかを考えてみましょう。

Step2 クイズに答えましょう

まず、これから学習することに関係したクイズの答えを考えてみましょう。答えと解説は別冊にあります。

Step3 理解しましょう

外国から来た人にとって、誤解が生まれやすいことについて解説しています。自分の国での習慣と比べたり、なぜこのような違いがあるのかを考えたりしてください。太字で書かれているものは、重要なポイントです。また、少し難しいことばには、脇に説明（※❌）を付けてあります。

※マーク

ことばの説明や、ほかの節に詳しい説明があることを示しています。

❌マーク

関連する内容の補足や、関連する内容についてほかの節に詳しい説明があることを示しています。

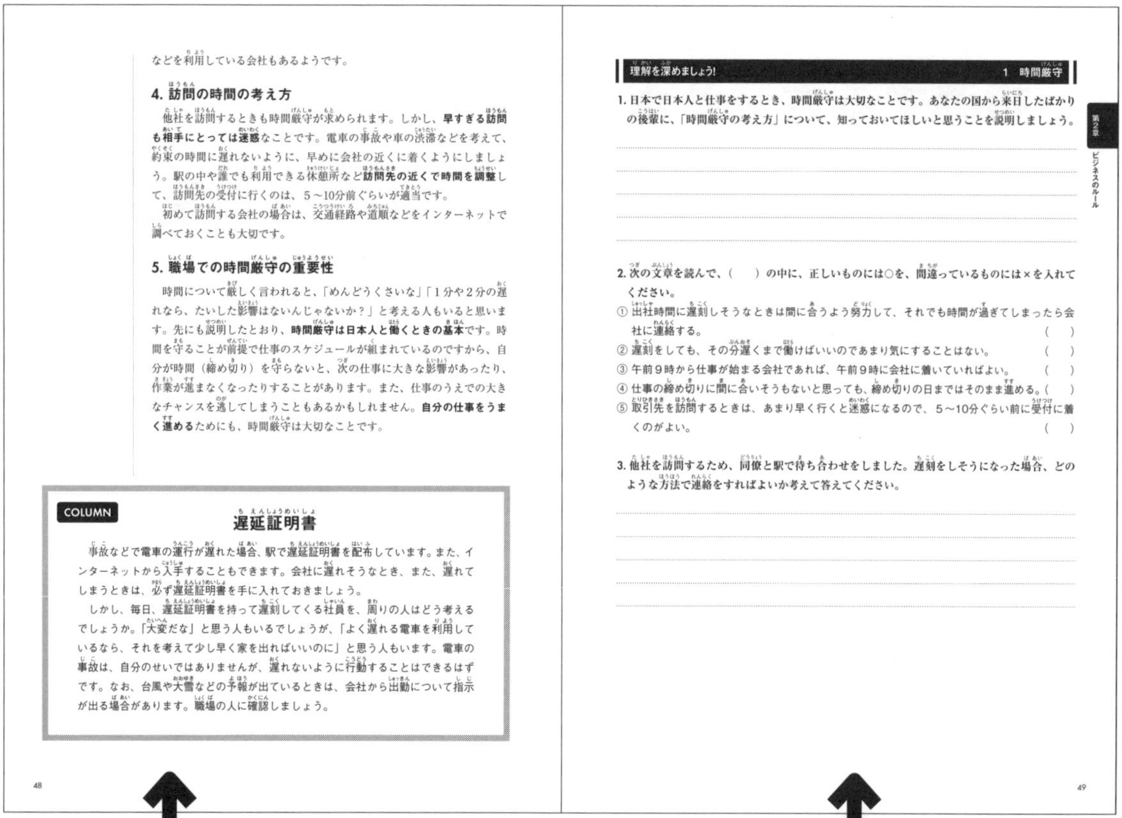
などを利用している会社もあるようです。

4. 訪問の時間の考え方

他社を訪問するときも時間厳守が求められます。しかし、**早すぎる訪問も相手にとっては迷惑**なことです。電車の事故や車の渋滞などを考えて、約束の時間に遅れないように、早めに会社の近くに着くようにしましょう。駅の中や誰でも利用できる休憩所など**訪問先の近くで時間を調整**して、訪問先の受付に行くのは、5～10分前ぐらいが適当です。

初めて訪問する会社の場合は、交通経路や道順などをインターネットで調べておくことも大切です。

5. 職場での時間厳守の重要性

時間について厳しく言われると、「めんどうくさいな」「1分や2分の遅れなら、たいした影響はないんじゃないか？」と考える人もいると思います。先にも説明したとおり、**時間厳守は日本人と働くときの基本**です。時間を守ることが前提で仕事のスケジュールが組まれているのですから、自分が時間（締め切り）を守らないと、次の仕事に大きな影響があったり、作業が進まなくなったりすることがあります。また、仕事のうえでの大きなチャンスを逃してしまうこともあるかもしれません。**自分の仕事をうまく進める**ためにも、時間厳守は大切なことです。

COLUMN

遅延証明書

事故などで電車の運行が遅れた場合、駅で遅延証明書を配布しています。また、インターネットから入手することもできます。会社に遅れそうなとき、また、遅れてしまうときは、必ず遅延証明書を手に入れておきましょう。

しかし、毎日、遅延証明書を持って遅刻してくる社員を、周りの人はどう考えるでしょうか。「大変だな」と思う人もいるでしょうが、「よく遅れる電車を利用しているなら、それを考えて少し早く家を出ればいいのに」と思う人もいます。電車の事故は、自分のせいではありませんが、遅れないように行動することはできるはずです。なお、台風や大雪などの予報が出ているときは、会社から出勤について指示が出る場合があります。職場の人に確認しましょう。

48

理解を深めましょう!　1　時間厳守

第2章　ビジネスのルール

1. 日本で日本人と仕事をするとき、時間厳守は大切なことです。あなたの国から来日したばかりの後輩に、「時間厳守の考え方」について、知っておいてほしいと思うことを説明しましょう。

2. 次の文章を読んで、（　）の中に、正しいものには○を、間違っているものには×を入れてください。

① 出社時間に遅刻しそうなときは間に合うよう努力して、それでも時間が過ぎてしまったら会社に連絡する。（　）

② 遅刻をしても、その分遅くまで働けばいいのであまり気にすることはない。（　）

③ 午前9時から仕事が始まる会社であれば、午前9時に会社に着いていればよい。（　）

④ 仕事の締め切りに間に合いそうもないと思っても、締め切りの日まではそのまま進める。（　）

⑤ 取引先を訪問するときは、あまり早く行くと迷惑になるので、5～10分ぐらい前に受付に着くのがよい。（　）

3. 他社を訪問するため、同僚と駅で待ち合わせをしました。遅刻をしそうになった場合、どのような方法で連絡をすればよいか考えて答えてください。

49

コラム

本文の補足のほか、日本社会や日本人の考え方、仕事の仕方などを理解するため、参考になることを載せています。

Step4　理解を深めましょう！

問題を解いて、理解できたかどうかを確認しましょう。覚えたかどうかを○×で答える問題だけでなく、学んだことを後輩に説明するように答えるという問題もあります。ただ暗記するのではなく、自分のことばで説明できるようになることが重要です。解答と解説は別冊にあります。なお、問題と解答用紙は、ウェブサイトからダウンロードできますので、印刷して繰り返し使うことができます。学習の定着に活用してください。

ダウンロードサイト URL：https://www.jmam.co.jp/pub/9072.html

別冊

「クイズに答えましょう」と「理解を深めましょう！」の解答・解答例、解説は、別冊に載せています。

指導する方／サポートする方へ
（使い方のヒント）

　この本は、単に知識を身につけて覚えるという教材ではありません。知らなかったことを知ることができたら、その知識は、個々の学習者にとってどのように応用できるか、自分の生活に生かせるかを導くために作りました。

　いかに周りの人の助けを借りながら生きていくかは、時代とともに変化することもあれば、職場や接する人によっても変わります。その状況やその人々への対応もさまざまです。指導するみなさまには、学習者に対して、「うまく生きていくことができる術」を身に付けさせるということを意識して、本書を参考に指導していただければ幸いです。

　本書の内容以外にも、授業はどんどん発展させましょう。発展のさせ方など授業を進めるうえでのヒントは、特定非営利活動法人 日本語教育研究所の以下のサイトよりご覧いただけます。参考になさってください。そして、みなさまも、目の前の学習者に合わせた課題を考えてみてください。アクティブラーニングスタイルで進めていただければ幸いです。

『改訂版　留学生・日本で働く人のためのビジネスマナーとルール』使い方のヒント
http://www.npo-nikken.com/manners.html

本サイトに関するお問い合わせ先
特定非営利活動法人 日本語教育研究所
e-mail:nihongo-nikken@npo-nikken.com

第1章

ビジネスコミュニケーション

1 研修があると言われましたが……（日本人と働く心がまえ）

「自分なら、どう思いますか？　どうしますか？」

　私は、自分の国での就業経験を評価されて、日本の企業で働くことになりました。日本でもすぐに自分の実力を示せると楽しみにしていたところ、入社後、数か月は研修期間だと言われました。

　私は、大学で専門の技術を学び、すでに現場での経験もあるのに、何を学ぶ必要があるのでしょうか？

クイズに答えましょう

問題　次の①～⑤のうち、日本の会社について正しいものはどれでしょうか。すべて選んでください。

① 日本の会社は、午前9時から仕事が始まる。
② 日本には、制服が決まっている会社もある。
③ 日本の会社に入ると、定年まで退職できない。
④ 日本には、残業しない日を決めている会社もある。
⑤ 日本の会社では、毎週金曜日に飲み会をする。

答え（　　　　　　　　　　　　　　　　　　　　　　　　　　　）

1. 異文化の中で働くこと

　日本社会という異文化の中には、自分の国とは違った仕事のやり方・考え方があることでしょう。1人ひとりの考え方が違っているのは当然ですが、文化が違えば、考え方の違いはより多いものです。仕事を始めると、やり方や考え方の違いについて苦痛を感じることもあるでしょう。しかし、違いには、何か理由があるはずです。**理由がわかれば、理解できる**こともあるはずです。

　本書では、日本人と働く前に知っておいたほうがいいことや、会社と仕事に対する日本人の考え方、日本の会社の仕組みなどを紹介します。ただし、同じ日本人にもいろいろな考え方の人がいますし、同じ日本の会社であっても、会社の仕組みはそれぞれにずいぶん違います。このため、日本人や日本の会社がすべて書かれているとおりだと思うのではなく、「これは代表的な例だ」と理解してください。

　そして、実際に仕事を始めて、いろいろな違いを感じたときは、ぜひ、周りの日本の人たちと話し合ってみてください。異文化の中で自分の力を発揮する第一歩として、**違いがあることをきちんと理解する**ことが必要です。

2. 日本の会社の制度

■1 日本の雇用契約

　世界の多くの会社では、雇用契約を結ぶとき、仕事の内容がはっきり示され、示された仕事を担当するという契約をします（ジョブ型雇用）。しかし、日本では、具体的な仕事の内容は示さずに契約を行うことが多く見られます（メンバーシップ型雇用）。つまり、日本の会社では、最初は開発の仕事をしていたのに、次の年には経理の仕事をするといったこともあるのです。自分の技術を生かそうと思って入社した会社で、自分の専門と違う仕事をするなど考えられないという人もいるでしょう。しかし、**ほかの仕事に移る（異動する）というシステム**があるために、現在の仕事に人が必要でなくなったときも、解雇されず、ほかの部署に移って仕事を続けることができるのです。

■2 終身雇用制度

　会社が社員を定年まで雇う制度を、終身雇用制度と呼びます。■1 のとおり、日本の会社では、いろいろな仕事に移るシステムがあるので、多くの場合、**定年**※**まで同じ会社で仕事ができる**ことになります。終身雇用制度があるために、社員の生活が安定するといえます。

※**定年**
就業規則で決められている会社との契約が終わる年齢のことです。なお、就業規則については、第2章第2節で詳しく説明しています。

3 年功序列制度

世界の多くの会社のように、仕事の内容を決めて雇用契約をすれば、担当する仕事に合わせて賃金を決めることができます。しかし、日本の会社は、雇用契約のときに仕事の内容が決まっていないことが多いので、仕事の内容によって賃金を決めることは難しいのです。そのため、日本の会社の多くは、**会社で働いた年数や年齢によって賃金や役職を決める制度**（年功序列制度）になっています。

しかし、現在の日本では、年功序列制度だけでなく、**仕事の内容によって評価をするという制度（成果主義制度）**を取り入れる会社も多くなってきました。成果主義制度によって、実力があれば若くても高い賃金をもらえたり、高い地位に就いたりすることも可能です。

3. 日本人の会社に対する考え方

1 会社の人は家族

日本人は1つの会社で長く働くことが多いため、同じ会社で働く人たちを家族のように考える文化があります。たとえば、上司の中には、部下のことを自分の子どものように考える人もいます。そのため、**部下の個人的な問題についても心配する**人もいます。自分の個人的なことにまで心配してもらわなくていいと思う人もいるかもしれませんが、会社の人を家族のように考えることは、日本の文化といえます。

2 人を育てる日本の会社

日本の会社では、日本の学生を採用するとき、技術が完成した人よりも、将来、活躍してくれそうな人を選ぶ傾向があります。今はまだ戦力にならなくても、会社が育て、将来、会社を支える人になってほしいと思っているのです。日本の学生は、自分の専門と違う業種の会社に入社することもよくありますが、**入社後に多くの研修**が用意されています。

自分の専門があることは強みになりますが、**会社の方針や考え方を理解する**ためには、研修が大切な場となります。また、一緒に研修を受けてもらうことで、**チームとして働く**※気持ちを高めるという目的もあります。

3 転職・起業

2.のとおり、日本には終身雇用制度や年功序列制度があるため、1つの会社で長く働くことが生活の安定につながると考える人が多くいました。しかし、不況により倒産したり、成果主義制度を導入したりする会社が増えてきたことから、**日本の社会にも大きな変化**がありました。

このため、転職を考える人も多くなり、ほかの会社で働いた経験のある人を積極的に採用しようとする会社も増えてきています。また、日本の政府や社会も、若い人たちが**起業**※することを応援するようになってきています。

※**チームとして働く**
第1章第6節で詳しく説明しています。

※**起業**
自分で新しい仕事を始めることです。

1. あなたの国から来日したばかりの後輩に、世界の多くの会社の雇用制度と、日本の多くの会社の雇用制度の違いを説明しましょう。

....
....
....
....
....

2. 次の①〜③のような場合、理由を考えて答えてください。

① 上司が、自分の家族や休日の過ごし方など、個人的なことについて質問をします。どうして聞こうとするのでしょうか。

....
....
....
....

② 同僚の日本人社員は中国語学科を卒業したそうですが、会社ではシステム開発部に配属され、中国語はまったく使っていません。どうして採用されたのでしょうか。

....
....
....
....

③ 同期の社員が、営業部から経理部に異動になりました。今まで経理の仕事の経験はまったくないそうです。どうして異動になったのでしょうか。

....
....
....
....

2 課長と食事に行きましたが……
（上司・先輩との付き合い方）

「自分なら、どう思いますか？　どうしますか？」

　昼ごはんは、たいてい社員食堂で食べていますが、今日はとても混んでいたので、たまたま一緒にいた課長に誘われて、近くのレストランで食べることになりました。食事が終わり、レジのところに行くと、お店の人が『別々ですか？』と言いました。すると、課長は『はい』と答えました。私は課長が払ってくれると思っていたので、びっくりしてしまいました。私は社員食堂で食べるつもりだったので、社員証しか持っていなかったのです。

┃クイズに答えましょう┃

問題　上司と部下が一緒に昼ごはんに行ったとき、次の①〜③のうち日本で一般的なことはどれでしょうか。

① 上司は、自分と部下の食事代を払う。
② 上司も部下も、自分の食事代をそれぞれ払う。
③ 部下は、自分と上司の食事代を払う。

答え（　　　　　　　　　　　　　　　　　　　　　　　　　　　）

1. 日本の上下関係

　以前ほど厳しくなくなってきてはいますが、日本の会社には、まだ上下関係という考え方があります。上下関係は、学校にもあって、クラブ活動などでは「先輩」「後輩」という立場の違いが大切にされています。

　社会人になると、その関係は、もう少し複雑になります。学校では、学年が上の人、つまり、年齢が上の人が先輩でしたが、会社では年齢が下でも先に入社した人は先輩となります。同様に、自分よりあとから入社した後輩が自分より年上ということもあります。また、年下の人が自分の上司になることもあります。

　いろいろ複雑な関係はありますが、基本的には、年が上の人、また、立場が上の人には**敬意を持って**接しましょう。自分より年が上の人は、自分より知っていることも多いものです。また、自分より上の立場の人は、より責任ある仕事をしている人です。こうした人たちを**尊重する気持ち**が必要です。

2. 敬意を「ことば」で表す

　上司や先輩には基本的に**敬語**※を使いましょう。敬語を使うことによって、自分と相手の立場が違うこと、相手を尊重している気持ちを表すことができます。敬語が難しいと感じている人は、「**です**」「**ます**」でもいいですから、丁寧なことばで話しましょう。また、相手の人が話しているのをさえぎって自分の意見を言ったり、相手の意見をすぐに否定したりすることのないようにしましょう。まずは、**上司や先輩の話をよく聞く**※ことが大切です。話が終わってから、自分の意見を言うようにしましょう。

3. 敬意を「態度」で表す

　何かするとき、相手を優先する「お先にどうぞ」という気持ちを忘れないようにしましょう。たとえば、エレベーターに乗るときや、部屋に入るときなどです。また、どこに座るかなどの**席次**※も、社内の人もお客さまと同じように考えるといいでしょう。ほかにも、何か書類などを渡すときは、相手のほうに向けて、両手で渡しましょう。これは、上司や先輩にだけではなく、誰に対しても行ってください。なお、はさみやナイフなどは、刃の先が相手に向かないように注意して渡しましょう。

※**敬語**
第5章第1節で詳しく説明しています。

※**話をよく聞く**
第3章第1節で詳しく説明しています。

※**席次**
第4章第4節で詳しく説明しています。

4. 打ち解けても上司は上司、先輩は先輩

　ふだんはとても怖そうな人が、飲み会の席などでお酒を飲むと急に親しみやすい人になって、驚くことがありませんか。会社の飲み会でも、職場では少し怖そうな先輩や上司が、お酒を飲みながら話していると、友だちのように感じられることがあると思います。また、職場では聞くことができない、私的（プライベート）な話も聞けて、大変親しい気分になることがあると思います。しかし、それは「お酒の席」でのことです。翌日、出勤したときに、飲み会の席と同じように、話しかけたり、なれなれしい態度を取ったりしないように気をつけてください。また、飲み会の席で聞いた話を自分から話題にするのも避けたほうがいいです。「職場」という場面に変わったのですから、**職場にふさわしい話し方や態度**で接してください。

　また、飲み会などで『今日は無礼講だ』と言われることがあります。本来は「上下関係をなくして楽しもう」という意味ですが、無礼講は「楽しく過ごそう」という意味だと考えて、上下関係は忘れずに楽しんでください。⊗

⊗ 無礼講については、第3章第8節で詳しく説明しています。

5. 上司や先輩との食事の支払い

　年上の人や、目上の人と食事に行くと、必ず上の人がお金を払うという国もあるようです。また、誘った人がお金を払うという国もあるようです。しかし、日本では、必ずしも上の人や誘った人がお金を払うというものではありません。もちろん、ごちそうしてくれることもありますが、「**いつも**」ではないので、間違えないようにしましょう。また、ごちそうになったときには、必ずお礼を言うのを忘れないでください。⊗

⊗ 第1章第8節の「お礼は3回」を参考にしてください。

6. それぞれの職場での上下関係の考え方

　最近は、社内の上下関係をなくして、社員全員を同等にしようという会社も多くなっています。上下関係があるために、部下が上司や先輩に意見を言いにくい、上下関係が仕事の効率を悪くしてるという考え方もあります。そのため、「田中部長」「山田主任」のような呼び方ではなく、全員を「さん」で呼ぶようにしている会社もあります。

　「敬語はやめよう」と決めている会社であれば、1人だけ敬語を使う必要はありません。「です」「ます」で話せばいいです。しかし、会社の方針がわからないあいだは、**誰に対しても丁寧に話すこと**を心がけましょう。

　また、上下関係をなくす動きや考え方が進んでも、**一緒に仕事をする人を大切に思う気持ち、尊重する気持ち**は大切にするべきです。

1. あなたの国から来日したばかりの後輩に、「上司や先輩との付き合い方」について大切だと思うこと、知っておいてほしいと思うことを説明しましょう。

....

....

....

....

....

2. 次の①〜③のうち、職場で新入社員がしないほうがいいことを選んでください。
① 先輩に敬語を使う。
② 社内会議でも、上司には上座に座ってもらう。
③ 飲み会で聞いた先輩の恋愛話を昼休みの話題にする。

答え（　　　　　　　　　　　　　　　　　　　　　　　　　　　　　　　　）

3. 次の①〜④のとき、気をつけたほうがいいことを考えて答えてください。
① エレベーターから部長と一緒に降りるとき、どちらが先に降りればいいか。

....

② 部長に資料を渡すとき、どのように渡せばいいか。

....

③ 部長の話を聞いているとき、いい意見を思いついたら、いつ言えばいいか。

....

④ 親しい先輩が職場で友人のように話しかけてきたとき、どのような答え方をすればいいか。

....

4. 次の文章を読んで、（　　）の中に、正しいものには○を、間違っているものには×を入れてください。
① 日本では、すべての会社で上下関係が厳しい。　　　　　　　　　　　　　　　（　　）
② 日本の上下関係は、年齢によって決まる。　　　　　　　　　　　　　　　　　（　　）
③ 会社によっては、「佐藤社長」のことを「佐藤さん」と呼ぶ会社がある。　　　（　　）
④ 無礼講と言われたら、上司に対しても友だちのように話してもいい。　　　　　（　　）

19

3 同僚にお金を貸してもらいましたが……（同僚との付き合い方）

「自分なら、どう思いますか？　どうしますか？」

　先日、会社に行くときに財布を忘れてしまったので、同期入社の社員に千円借りました。とても仲のいい人なので、『いいよ』と言って貸してくれました。しかし、その後、職場の人の間で、「私が同期にお金を借りて返さない」という噂があることを知りました。私はいつも返そうと思っているのですが、何となく忘れていました。千円ぐらいのお金なのに、どうしてそんなことを言われなければならないのでしょうか？

クイズに答えましょう

問題　昼休みにコンビニエンスストアに買い物に行きましたが、財布を会社に忘れてきてしまいました。一緒にいた同僚が『じゃあ、私が払っておくね』と言って、自分の買い物代を払ってくれました。次の①〜③のうち一般的なのはどれでしょうか。

① 次に同僚と買い物に行ったときに、自分が同僚の分を払う。
② 職場に戻ったら、すぐに払ってくれた金額を返す。
③ なるべく早く、払ってくれた金額と同じぐらいのプレゼントを渡す。

答え（　　　　　　　　　　　　　　　　　　　　　　　　　　　　）

理解しましょう

1. 同僚とは助け合うもの

　同僚は、自分が仕事をするときに**一番身近にいる「味方」**です。同僚といい人間関係が作れていれば、自分が困っているときに、きっと助けてくれます。ただし、いつも助けを求めるだけではなく、同僚が困っているときには、手助けの声をかけましょう。仕事によっては、分担がはっきりしていて、人には頼めないこともあるかもしれません。しかし、『何かお手伝いしましょうか』と言われて、いやな気持ちになる人はいません。**困ったときはお互いさま**※**の精神**で、お互いに助け合っていきましょう。

2. 同僚と話すときのことば

　日本語には、丁寧な話し方や気軽な話し方など、相手や場面に合わせて、いろいろなことばづかいがあります。また、初対面の人には丁寧な話し方をしますが、親しくなると少し気軽な話し方に変わります。特に学校では、友だちに丁寧な話し方をしていると、なかなか親しくなれないと感じたことがあるのではないでしょうか。たとえば、**同期入社**※の社員に注意をしたいときに、『誠に失礼かと存じますが、この部分は間違っているのではないかと思い、ご指摘いたします』などといった話し方をすると、相手は、大変よそよそしく感じたり、驚いたりします。

　反対に、同期入社の社員と仲よくなってくると、休憩時間に、普通体や**若者ことば**※などで話しかけられることがあるでしょう。同期入社の社員とであれば、相手が友だちのような話し方をしてきたら、同じように話しても問題ありません。しかし、仕事中は、友人のような話し方ではなく、社会人らしい話し方を心がけてください。『ええっ、やばくない？』『これ、まずいっしょ！』『合ってなくない？　確認しなよ』などといった話し方は職場ではふさわしくありません。また、相手に対しても大変失礼です。

　ことばは、「相手」や「親しさ」だけでなく、「場面」によっても使い分けるものです。職場という場面では、同期入社の社員であっても、職場にふさわしい話し方をしてください。特に、お客さまの前では気をつけましょう。

3. 公私混同はしない

　会社には、社内結婚をして、その後も同じ職場で働いている夫婦がいることもあります。その2人がお互いに丁寧な話し方や態度をしていると、よそよそしいと感じるかもしれません。しかしそれは、「職場」と「日常（プ

※**困ったときはお互いさま**
相手が困っているときは自分が助けるが、反対に、自分が困っているときは相手が助けてくれるという考え方です。また、困っている人を助けるときに、相手が自分に気を使わないように、『困ったときはお互いさまですよ』と言うこともあります。

※**同期入社**
同じ時期に入社した社員のことです。

※**若者ことば**
若い人たちの間だけで使われていることばで、一時的に流行しているだけのことばもあります。なお、職場など正式な場所では使ってはいけません。

ライベート)」をはっきり分けているからであり、正しい振る舞いです。つまり、公私混同はしないということです。もしかしたら、自分が将来、職場の人と交際することがあるかもしれません。そのとき、たとえば、仕事以外の場所でけんかをしても、職場にはけんかを持ち込んではいけません。

　また、プライベートで悲しいことがあったときでも、仕事中に悲しいことを考えて、泣いたり不機嫌になったりするのも公私混同です。気持ちを切り替え、「公」と「私」を切り替えられるのが社会人です。

4. お金の貸し借り

　日本では、親しい人同士でもお金を借りたり貸したりすることは、あまりしません。そのため、『お金を貸してください』と言うと、周りの人は少し驚くかもしれません。

　日本人は割り勘※を好みます。友人と食事に行って、1円単位まできちんと割り勘にされて驚いたこともあるのではないでしょうか。「日本人はケチだ」「日本人は細かい」と思うかもしれません。しかしこれは、人より多く払いたくないという気持ちよりも、1円であってもお金について借りを作ってはいけない、借りを作りたくないという気持ちなのです。

　もちろん、食事に行ったときに財布を忘れて、お金を借りることはあります。しかし、**借りた場合はすぐに返す**ことが大切です。どれほど少ない金額であっても、必ず返さなければなりません。借りた人は忘れてしまっても、貸した人は覚えているものです。なお、国によっては、食事代を返すのではなく、次に食事に行ったときに、自分が相手の分を払うといった習慣もあるようですが、日本では、お金で返すのが基本です。

　お金だけでなく、同様に、傘などを借りたときにも、借りたままにならないように注意してください。**借りたものを返さない人は、信用を失ってしまいます。**

5. 親しき仲にも礼儀あり

　「親しき仲にも礼儀あり」は、日本人がよく使うことばです。どれほど親しくなっても、**最低限のマナーは守らなくてはならない**ということです。他人に言ってはいけないとわかっていることも、親しくなると、つい、遠慮なく言ってしまうことがあります。しかし、相手が困ることやいやな気持ちになることは、親しい人にでもしてはいけません。**親しいからこそ、なおさらしてはいけない**ともいえます。せっかく作ることができたいい関係を壊さないためにも、「親しき仲にも礼儀あり」ということばを覚えておきましょう。

1. あなたの国から来日したばかりの後輩に、「同僚との付き合い方」について大切だと思うこと、知っておいてほしいと思うことを説明しましょう。

....

....

....

....

....

2. 会議中に、同期入社の社員が作成した資料の間違いを見つけました。次の①〜④のうち、一番いい言い方を選んでください。

① 『あの、大変失礼かと存じますが、この部分、間違っているのではないかと思うのですが…』

② 『あの、これちょっと数字が違うんじゃないでしょうか。確認してもらえますか』

③ 『これ合ってないんじゃない？　もう一度確認しなよ』

④ 『ええっ、これはまずいっしょ！』

解答（　　　　　　　　　　　　　　　　　　　　　　　　　　　　　　　）

3. 次の①〜③のうち、公私混同となるものはどれでしょうか。すべて選んでください。

① 隣の部署の仲のいい同僚に、自分の仕事を手伝ってもらう。

② 昨夜の飲み会で口げんかをしたため、今日は職場であいさつをしなかった。

③ 飲み会で部長と親しくなったので、仕事の締め切りを延ばしてもらうようにお願いした。

解答（　　　　　　　　　　　　　　　　　　　　　　　　　　　　　　　）

4. 次の①〜⑤の文章を読んで、（　　　）の中に、正しいものには○を、間違っているものには×を入れてください。

① 同僚が忙しそうだったが、同僚の仕事はわからないため、特に声はかけなかった。　（　　　）

② 同期の社員とは、親しくなったらいつでも友だちのような話し方をしたほうがよい。　（　　　）

③ 飲み物を買おうとして10円足りなかったとき、同僚が進んで貸してくれたが、10円ぐらいの
お金を返すと失礼なため返さなかった。　　　　　　　　　　　　　　　　　　（　　　）

④ 「親しき仲にも礼儀あり」というのは、親しい関係でも守らなければならないマナーがあるという意味である。　　　　　　　　　　　　　　　　　　　　　　　　　　　（　　　）

⑤ 「困ったときはお互いさま」というのは、相手が困っているときは自分が助けるが、反対に、自分が困っているときは相手が助けてくれるという考え方である。　　　　　（　　　）

4 職場の人から飲みに誘われますが……（就業時間外の付き合い）

「自分なら、どう思いますか？ どうしますか？」

職場に配属されて半年ぐらいがたちました。先輩から毎日のように、仕事のあとに飲みに行こうと誘われます。私はお酒はあまり好きではなく、仕事のあとは早く家に帰って、自分の好きな映画を見たり、晩ごはんを作ったり、ゆっくりと過ごしたりするのが好きです。毎回断っていましたが、今日は『付き合いが悪いなあ』と言われました。どうしたらいいのでしょうか？

クイズに答えましょう

問題 上司に『仕事のあと、みんなで飲みに行こう』と誘われました。あまり行きたくないと思ったとき、次の①〜③のうち、一番いい考え方はどれでしょうか。

① 上司の誘いなので、何があっても行くべき。

② 上司の誘いなので、とりあえず『参加します』と答えておいて、行く直前に断るか、途中でこっそり帰る。

③ 仕事ではないので、行きたくなければ行かなくてもいい。

答え（　　　　　　　　　　　　　　　　　　　　　　　　　　　　　　　）

理解しましょう

1. アフターファイブの付き合い

　アフターファイブとは、就業時間が終わったあとという意味です。日本の多くの会社では就業時間が午後5時までであったことから、「アフターファイブ（After 5：00）」と呼ばれています。日本の会社では、勤務時間外に上司や同僚から食事などに誘われることがよくあります。こうした付き合いを、**コミュニケーションのために大切**だと考える人もいます。

　勤務時間と私的（プライベート）な時間をきちんと分けて考えたいという人もいると思います。そのように考えることは、悪いことではありません。しかし、勤務時間外の付き合いを、人間関係作りの場と考えてはどうでしょうか。日本人の多くは、職場では**仕事用の顔**を見せていますが、**飲み会の席**※などでは、勤務時間と違って少しふだんの顔に戻ります。このため、思わず出た本音が聞けたり、自分も職場では言いにくいことが話せたりするかもしれません。勤務時間外の付き合いの機会に上司や同僚をよく知ることは、仕事を進めるうえでプラスになることもあります。ぜひ、アフターファイブの付き合いに参加してみてください。❌

2. 職場の人との「飲みニケーション」

　飲みニケーションとは、「お酒を飲む」と「コミュニケーション」を合わせて作られたことばです。職場ではある程度の距離をおいて付き合っている人たちも、食事をしたりお酒を飲んだりすることで、いつもより力を抜いて付き合えることがあります。職場の人とより親しくなれ、**コミュニケーションが取りやすくなる**ことから生まれたことばです。❌

3. 誘いの断り方

　勤務時間外の付き合いにどうしても参加したくないときや、用事があるときは、上手な断り方を考えましょう。上司や同僚は相手のことをもっと知りたい、自分のことを知ってもらいたいと思って誘っていることもあります。断るときには、まず、**誘ってくれたことに対するお礼**を言いましょう。

　なお、参加できない理由は、あまり具体的に言わないほうがいいでしょう。ただし、『飲み会は嫌いなので』『自分の時間が大切なので』といった理由は、本心であっても言ってはいけません。『その日は用事があって』『今日は先約があって』といった断り方にします。そして、最後に、『また誘ってください』『次の機会には、ぜひ参加させてください』と言うと、

※**飲み会の席**
第3章第8節で詳しく説明しています。

❌ 新型コロナウィルス感染症拡大防止のため、会食の際の行動に、「黙食」「マスク会食」「リモート飲み会」などの表現が生まれました。

・黙食：飛沫感染を防ぐために、食べているときは話さずに、黙って食べることです。

・マスク会食：基本的には、マスクを着けたままで会食をすることです。食べているときは外しますが、話すときにはマスクをして話します。

・リモート飲み会：対面での飲み会を自粛し、オンラインで飲み会をすることです。

❌ 飲み会などでの話題として、血液型や星座などが出ることもあります。第5章コラム「日本人は占い好き？」でも説明しています。

誘った人も悪い気持ちにはなりません。

　また、宗教上の理由や健康上の理由などから、お酒の席には参加できない人もいるでしょう。その場合は、最初に上司に説明しておきましょう。上司に誘われたからといって、ぜったいに参加しなければならないということではありません。✖

4. 休日の付き合い

　休日に、スポーツ大会や社員旅行などを行う会社もあります。会社主催の場合は、あらかじめ予定が伝えられるため、特別な用事がないかぎり参加したほうがいいでしょう。参加することにより共通の話題が増え、コミュニケーションが取りやすくなることもあります。

　また、休日に、個人的な誘いを受けることもあるかもしれません。休みの日ですから、自分にもいろいろな予定があると思います。用事があれば断っても問題はありません。ただし、この場合も、丁寧に断るようにしてください。

5. 社外の人との付き合い

　社内の人と同様に、社外の人と就業時間外に食事に行くこともあります。社外の人との付き合いは、**仕事の一部**と考えていることも多いため、社外の人から誘われたときは、なるべく参加したほうがいいでしょう。

　また、お客さまを高級なレストランに招待したり、休みの日にゴルフなどに招待したりすることがあります。仕事上の関係をよくする目的があり、「接待」といいます。接待は、会社の経費を使って行うため、近年は、経費を削減する必要から減ってきています。しかし、仕事の場以外でも、じっくりお客さまと話す機会を持つことは、仕事を進めるうえで重要だと考えられています。接待をする側になったときは、常にお客さまが楽しんでいるかに気を配りましょう。食事をする場合は、お客さまが上座に座り、接待をする側の会社の人は下座に座ります。✖接待の場の主役はお客さまですから、お酒の席で自分のほうが飲みすぎたり、カラオケで自分1人だけ歌いすぎたりしてはいけません。

✖ お酒の断り方は、第3章第8節で詳しく説明しています。

✖ 上座と下座については、第4章第4節で詳しく説明しています。

26

理解を深めましょう!　　　　　　　　　　　　　　**4　就業時間外の付き合い**

1. あなたの国から来日したばかりの後輩に、「就業時間外の付き合い」について大切だと思うこと、知っておいてほしいと思うことを説明しましょう。

....

....

....

....

....

2. 次の文章を読んで、（　　）の中に、正しいものには○を、間違っているものには×を入れください。

① アフターファイブというのは、「仕事が終わってから」という意味で使われることもある。

（　　）

② 上司に飲み会に誘われたら絶対に断ってはいけない。（　　）

③ 飲み会では、気を楽にして、思っていることは何でも言ってもいい。（　　）

④ 休日の集まりに誘われたとき、用事があれば断ってもいい。（　　）

⑤ 上司からの誘いを断るときは、まず、誘ってくれたことのお礼を言う。（　　）

3. 部長から、日曜日に部長の家に遊びに来るように誘われました。特に予定はありませんが、家でゆっくりしたいため、断りたいです。次の①～③のうち断ることばとして一番いいものを選んでください。

① 『日曜日はちょっと……』

② 『申し訳ございませんが、日曜日は予定がありますので』

③ 『すみませんが、日曜日は家でゆっくりすることに決めています』

解答（　　　　　　　　　　　　　　　　　　　　　　　　　　　　　　　）

5 いつもの自分なのですが……

（身だしなみ）

「自分なら、どう思いますか？　どうしますか？」

　私は営業職でよくお客さまを訪問しています。今日、訪問先から戻ると、先輩に『少しお化粧をしたほうがいいよ』と言われました。

　私はもともと化粧が好きではありません。素顔のままのほうが自分の本当の姿を見てもらえて、周りもそのほうがいいと思ってくれると考えていました。それなのに、日本では、女性は職場ではある程度化粧をしていることがマナーだと言われました。「化粧をしていることがマナー」とは、どういう意味なのでしょうか？

クイズに答えましょう

問題　お客さまを訪問するときに、次の①～④のうち、しないほうがいいことはどれでしょうか。すべて選んでください。

① ストッキングをはく
② 黒いネクタイをする
③ 薄く化粧をする
④ においの強い香水をつける

答え（　　　　　　　　　　　　　　　　　　　　　　　　　　　　）

理解しましょう

1. 身だしなみ※の重要性

　第一印象ということばがあります。第一印象とは、誰かを初めて見たとき、相手をどう思うかということで、**第一印象は3秒で決まる**という人もいます。3秒で印象を決める材料は、目から受ける情報、つまり、**顔や髪型、服装**ということになります。初対面の人やお客さまにいい印象を持ってもらうために、身だしなみは重要なものです。

　なお、相手にいったん不快感を与えてしまうと、その不快な印象を変えるのには時間がかかるといわれています。

2. 身だしなみの基本

1 清潔であること

　日本人は、襟やそで口の汚れを気にします。洗濯した服を着ていても、襟やそで口が汚れていると不潔に思われてしまいます。また、スーツやシャツの肩に**フケ※**が落ちているのも、不快感を与えるので注意してください。

2 機能的であること

　仕事をするのにふさわしいものであることが大切です。たとえば、かかとの高い靴や大きなアクセサリーなどは、仕事をするのに妨げになることがあり、機能的な服装とはいえません。

3 職場・場面に合ったもの

　銀行で働いている人と、美容室で働いている人は着ているものが違います。服装だけでなく、それぞれの職場に合った身だしなみがあります。また、職場の違いだけでなく、「面接」「入社式」など、ふだんとは違う行事のときにも、求められる服装などが違ってくることを忘れないでください。

　なお、最近は、省エネルギー対策のため、クールビズやウォームビズをとり入れる会社が多くなってきました。クールビズとは、冷房の使用を少なくするために、夏の暑い時期（6月〜9月ごろ）に涼しい服装で仕事をすることです。具体的には、スーツのジャケットを着なくてもいい、ネクタイをしなくてもいいなどです。また、ウォームビズとは、暖房の使用を少なくするために、冬の寒い時期（11月〜2月ごろ）に暖かい服装で仕事をすることです。具体的には、暖かい下着を着たり、**ひざかけ※**を使ったりするなどです。しかし、けっして遊びに行くような服を着てもいいということではありません。会社ごとに決まりがありますので、周りの人の服装を見て、職場に合った服装をしてください。

※**身だしなみ**
周りの人がいやな気持ちにならないように、服装や髪を整えることです。「身だしなみがいい」「身だしなみが悪い」というように使います。

※**フケ**
頭の皮膚がはがれたものです。白いため、黒い服などに付いていると大変目立ちます。

※**ひざかけ**
座っているときに、ひざから足元にかける布のことです。

3. 化粧の考え方

　化粧は、仕事に行く前の準備の1つといえます。相手に不快感を与えないように肌の色を整えたり、口紅をつけて健康的な印象を作ったりすることは、社会人のマナーです。ただし、医療関係、食品関係などの仕事では、化粧禁止という職場もありますので、職場のルールに従ってください。

　また、過度な化粧は、多くの職場の雰囲気には合っていません。健康的で自然な仕上がりが好まれる職場が多いと思います。自分が働く職場では、周りの人がどのような化粧をしているか、観察してみてください。

4. においへの注意

　日本人は、**においに敏感な人が多い**といわれています。スーパーマーケットやコンビニエンスストアなどでも、部屋やトイレのにおいを消す消臭剤がたくさん売られています。このことからも、においを気にする人が多いことがわかります。汗のにおいや体臭は、風呂やシャワーで体を清潔にしたり、**制汗剤**※などを使ったりするといいでしょう。

　香水は、自分にとってはいいにおいでも、他人にはいやなにおいであることもあります。たとえば、満員電車でその場から動けないとき、自分の嫌いなにおいの香水をつけた人がそばにいたら不快なはずです。特に仕事をするときは、強い香りの香水は避けたほうがいいでしょう。

　同様に、食べ物のにおいも人によって感じ方が違います。会社でも昼ごはんのあとに歯磨きをしたり、ガムを噛んだりする人が多くいます。口の中の食べ物のにおいを消して、周りの人を不快にすることがないよう気をつけているのです。

　においは目に見えないものですが、日本人にとっては気になるものの1つです。お客さまと接する仕事をしている人は、特に注意するようにしてください。

5. 身だしなみは注意してもらいにくい

　多くの日本人は、**相手の身だしなみがよくないと思っても、あまり言わない**ものです。『その服装は変だ』『口がくさい』などと言ったら、相手が傷つくのではないかと思って、注意するのをためらってしまうのです。ですから、わざわざ**注意をしてくれた人には感謝**しましょう。

　身だしなみについて日本人が気にすることは、自分の国の人が気にすることとは違うかもしれません。しかし、違いを知っておけば、どのような点に気をつければいいのかがわかります。相手に不快な印象を与えない身だしなみを心がけてください。

※**制汗剤**
汗や体のにおいを抑えるものです。スプレーや肌にぬるものなどいろいろな種類があります。

1. あなたの国から来日したばかりの後輩から、「日本の会社では身だしなみが大切だと聞いたが、どんな点に気をつければいいのかわからない」と相談されました。「日本での身だしなみ」について大切だと思うこと、知っておいてほしいと思うことを説明しましょう。

....

....

....

....

....

2. 次の文章を読んで、（　　　）の中に、正しいものには○を、間違っているものには×を入れてください。

① 第一印象を決めるのは、その人が話している内容である。　　　　　　　　　　　（　　）

② 身だしなみがいいとは、周りの人がいやな気持ちにならないように、服装や髪などが整っている状態をいう。　　　　　　　　　　　　　　　　　　　　　　　　　　　　（　　）

③ 会社に着ていく服は、取れない汚れが付いていても、洗濯した清潔なものであればいい。（　　）

④ 女性ははなやかさが大切なので、爪に派手なネイルをぬるとよい。　　　　　　　（　　）

⑤ 日本人は、他人の服装やにおいなどに厳しく、すぐに注意する人が多い。　　　　（　　）

3. 次の①〜③の身だしなみについて、問題がある点を考えて答えてください。

① スーツの肩にフケが落ちている。

....

....

....

② 会社のスポーツ大会の日にスーツを着ている。

....

....

....

③ かかとの高い靴をはいて車を運転をしている。

....

....

....

6 何でもチームでと言われますが……
（チームワーク）

「自分なら、どう思いますか？　どうしますか？」

　仕事はチームワークが大切だと言われたのですが、本当にそうでしょうか？　私は、1人ひとりが持っている能力（のうりょく）を生かして仕事をしたほうがうまくいくと思います。チームワークを重視（じゅうし）して仕事をするのは、効率（こうりつ）が悪く、時間がもったいないと思います。日本人は、なぜチームワークが重要（じゅうよう）だと言うのでしょうか？

クイズに答えましょう

問題　チームで仕事をするときに、次（つぎ）の①〜④のうち、しないほうがいいことはどれでしょうか。すべて選（えら）んでください。

① チームの人に迷惑（めいわく）をかけないように、問題があったときは自分で解決（かいけつ）して結果（けっか）を報告（ほうこく）する。
② 自分に割（わ）り当（あ）てられた仕事がやりたくなければ、チームの人に代わってもらう。
③ 予定（よてい）どおりに仕事が進（すす）んでいても、仕事の進捗状況（しんちょくじょうきょう）を定期的（ていきてき）に報告（ほうこく）する会を開く。
④ 同じチームの人と話すときは、よそよそしくならないように友人（ゆうじん）と話すようなことばを使う。

答え（　　　　　　　　　　　　　　　　　　　　　　　　　　）

1. チームワークの考え方

　どれほどすばらしい能力があっても、1人の人間のできることには限りがあります。しかし、チームを作って、お互いに力を出し合うことで、**新しいアイディアが生まれたり、1人ではできない大きな仕事ができたり**します。

　日本の伝統的な文化に、生け花があります。生け花は、1つの容器（花器）に、複数の花を入れて1つの作品にします。生け花は、日本の社会や日本の会社を表しているともいわれています。中央の花が美しくて目立つかもしれませんが、周りの花や葉がなければ、本当は、中央の花もそれほど美しく見えないこともあります。それぞれの花が自分の力を発揮して、全体で1つの仕事をしているという姿は、仕事をする場でも大切にされています。

　日本では、チームワークが重要だと考えている人が多くいます。そのため、仕事の進め方も、1人で1つの仕事を担当するのではなく、チームで取り組むことが多いのです。

2. チームワークの心がまえ

　まず、**チームの目標**をはっきり決める必要があります。目標もなく集まっている人たちは単なる集まりであって、チームとは呼べません。目標がはっきりしていることで、チームワーク力は高まります。

　次に、**チームの中での役割分担**が必要です。全員がリーダーになっていては、チームはうまく動きません。リーダーとして力を発揮すること（リーダーシップ）と同じくらい、メンバーの一員としてしっかり目標に向かって行動すること（メンバーシップ）が大切です。

　そして、**チームのメンバー同士のコミュニケーション**が大切です。さまざまな意見を出し合い、問題を解決していくには、自分の気持ちをきちんと相手に伝えることが重要です。

3. チームワークが良好な状態

　チームワークを発揮して仕事を進めるためには、**2.** のとおり、メンバー間のコミュニケーションを大切にしようと考えています。そのためには、以下のような点に注意しましょう。

　まずは、チームのメンバーとよい関係を作れるように、自分から積極的にあいさつ※をしましょう。当たり前のことだと思うかもしれませんが、

※あいさつ
第2章第4節で詳しく説明しています。

コミュニケーションの基本はあいさつです。また、休憩時間などの雑談、職場の飲み会なども、お互いを知り合うために役立つでしょう。

チームで仕事をうまく進めるためには、情報共有としての**報告・連絡・相談（ホウレンソウ）**※が欠かせません。仕事に必要な資料などは、整理してまとめておき、メンバー全員がいつでも目を通せるようにしておきましょう。なお、仕事の進捗状況などは、チームのメンバー全員に報告・連絡・相談をしておく必要があります。

さらに、日本人は、上司・先輩だけでなく、同僚と話すときも**クッションことば**※を使ったり、相手の気持ちを考えた話し方をしたりしています。このような話し方をするのは、チーム内の人間関係を大切に思うからです。

そして、チームのメンバーに求められるのは、**ルールを守る**ことです。全員が１つの目標に向かって進むためにも、チームで決めた仕事の進め方や、**仕事の締め切り**※などのルールは、必ず守りましょう。日本人が時間に厳しいのも、チームで仕事をすることが多いからといえます。

チームワークが悪いと、ほかのメンバーに頼って仕事をしない人が出てきたり、失敗をほかのメンバーの責任にし合ったりする可能性もあります。チームワークが悪い状態では、**仕事の効率は落ちていくばかり**です。チームワークがいいと、メンバー同士が刺激し合って、結果として**個人の能力も成長する**といった効果も期待できるでしょう。

「皆、仲がよくて楽しい」だけでは、学生のサークルやクラブと同じです。職場のチームは、仕事を進めるための集団ですから、結果を出すことが重要です。

※報告・連絡・相談
第２章第６節で詳しく説明しています。

※クッションことば
第１章第７節で詳しく説明しています。

※仕事の締め切り
第２章第１節で詳しく説明しています。

COLUMN

会社の組織と役職

日本の組織は、よくピラミッドにたとえられます。

また、役職名（肩書き）は、会社によって違いますが、一般的に右の図のような上下関係があります。リーダー、チーフ、マネジャー（マネージャー）といった呼び方をする会社もあります。

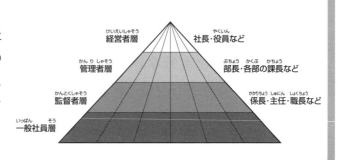

経営者層	社長・役員など
管理者層	部長・各部の課長など
監督者層	係長・主任・職長など
一般社員層	

1. あなたの国から来日したばかりの後輩に、「チームワークの効果」について説明しましょう。

....
....
....
....
....

2. チームワークがいい集団と、チームワークが悪い集団とは、何が違うのでしょうか。A〜E
　の中から、あてはまるものをすべて選んでください。

① チームワークがいい集団　（　　　　　　　　　　　　　　　　　　　　　　　　　　　　）
② チームワークが悪い集団　（　　　　　　　　　　　　　　　　　　　　　　　　　　　　）

A：チームの目標がはっきりしている。
B：仕事の失敗をほかのメンバーの責任にする。
C：チーム内の役割分担ができている。
D：ほかのメンバーを頼りにして仕事をしない人がいる。
E：チームのメンバーのコミュニケーションが取れている。

3. 次の①〜④の行動が、チームワークを良好にするために役立つ理由を考えて答えてください。
① 職場の飲み会

....
....

② 報告・連絡・相談

....
....

③ クッションことばの使用

....
....

④ 時間の厳守

....
....

7 先輩に言われたとおり質問をしたのですが……
（配慮のある話し方）

「自分なら、どう思いますか?　どうしますか?」

田中先輩はとても親切な人です。『何かわからないことがあれば、いつでも聞いてね』と言ってくださいました。それで、わからないことは、すぐに『これはどういう意味ですか』『これはどうすればいいですか』と質問していました。しかし、今日、木村先輩に、『そんなに質問ばかりしていると、田中さんが自分の仕事ができないよ』と言われてしまいました。木村先輩に、『いつでも聞いてね』と言われていることを説明したほうがいいのでしょうか?

┃ クイズに答えましょう ┃

問題　仕事中の上司に、休暇を取りたいとお願いをするとき、次の①～③のうち、一番いい言い方はどれでしょうか。

①『来週の月曜日、お休みを取らせていただきたいのですが、よろしいでしょうか』

②『お仕事中に申し訳ございませんが、今よろしいでしょうか。実は、来週の月曜日に休暇をとりたいのですが、いいでしょうか』

③『お手数ですが、来週の月曜日、有給休暇を取らせていただきます。よろしくお願いいたします』

答え（　　　　　　　　　　　　　　　　　　　　　　　　　　　　　　）

理解しましょう

1. 配慮ある話し方

　かたい椅子に長い間座っていて、腰が痛くなったことはありませんか。しかし、椅子に**クッション**※が付いていれば、腰が痛くなりません。

　お願いをするときや聞きにくいことを質問するとき、また、言いにくいことを伝えるときに使うことばを**クッションことば**といいます。相手にとって少し迷惑になりそうな話の前にクッションことばがあれば、**話の内容をやわらかく伝える**ことができます。

2. いろいろなクッションことば

１ こちらの都合でお願いするとき→**申し訳ありませんが／申し訳ございませんが**😵

　（例）『**申し訳ありませんが**、こちらで少々お待ちください』

２ 相手に不都合なことをお願いするとき→**恐れ入りますが**※

　（例）『**恐れ入りますが**、携帯電話の電源はお切りください』

３ 面倒なことをお願いするとき→**お手数ですが**

　（例）『**お手数ですが**、こちらにもご記入いただけますでしょうか』

４ 相手の迷惑になることをお願いするとき→**ご迷惑をおかけしますが**

　（例）『**ご迷惑をおかけしますが**、私の休暇中、この仕事をお願いします』

５ 名前などを聞くとき→**失礼ですが**

　（例）『**失礼ですが**、どちらさまでしょうか』

６ 相手がいやだと思うかもしれないことをお願いするとき→**お差し支えなければ**※

　（例）『**お差し支えなければ**、ご年齢もお聞かせいただけますか』

７ ちょうどタイミングが悪く、相手の求めるものがないとき／相手の求める人がいないとき→**あいにくですが／あいにく**

　（例）『**あいにく**、田中は席をはずしております』

８ 誘いや申し出を断るとき→**せっかくですが**

　（例）『**せっかくですが**、今日は予定がありまして』

９ 言いにくいことを伝えるとき→**申し上げにくいのですが**

　（例）『**申し上げにくいのですが**、今回のお話は**白紙に戻させて**※いただきます』

10 間違いないとは思うがもう一度確認したいとき→**念のため**

　（例）『**念のため**、お電話番号をお教えいただけますか』

※**クッション**
椅子に置く枕のようなやわらかいものです。

😵「すみませんが」は、日常会話でよく使いますが、ビジネスの場面で謝るときは「申し訳ありませんが／申し訳ございませんが」のほうが丁寧です。「すみません」のさまざまな意味や使い方については、第3章第3節コラム『『すみません』の意味」で詳しく説明しています。

※**恐れ入りますが**
謝罪ではなく、ルールを守ってもらうときや確認するときなどによく使われます。

※**お差し支えなければ**
「都合が悪ければ断ってもいい」という意味になるため、必ず聞かなければならないことには使えません。

※**白紙に戻す**
今までのことを、なかったことにするという意味です。

3. 話すときの声・表情・態度

お願いをするときや聞きにくいことを質問するとき、また、言いにくいことを伝えるときは、ことばだけでなく、どのような声で言うのか、どのような表情や態度で言うのかも非常に大切です。たとえば、職場の人が忙しそうにしているときに、早退の許可を求めるとします。そのとき、笑顔で嬉しそうな声で『申し訳ございませんが』と言ったり、偉そうな態度で『ご迷惑をおかけしますが』などと言ったりすると、相手は**「本当にそう思っているのか」と疑いたくなる**でしょう。また、上司にお願いをするときなど、座ったまま話すのは失礼な印象を与えてしまいます。**必ず立って話す**ようにしましょう。ことばと声・表情・態度は、合わせて考えるようにしましょう。

4. 話しかけるタイミング

クッションことばを使って、適切な声・表情・態度で話しても、相手にいい印象を持たれないことがあります。それは、話しかけるタイミングが原因かもしれません。

上司が帰ろうとしているときに、急ぎではない話をし始めたら、上司は「どうして、そんな話を今するのか」と思うでしょう。自分の言いたいことを上手に伝えるためには、どのようなタイミングで話をするかも重要です。タイミングを判断するために、**周りの人がどのような状況にあるのか**にも気を配っておきましょう。ただし、帰りがけの上司に**急いで確認しなければならないことがあるとき**は、『お帰りのところ申し訳ございませんが』といったクッションことばを使って話しかけましょう。

5. 文法よりも大切なこと

日本語の文法が正しくても、ことばをたくさん知っていても、自分の伝えたいことを相手に上手に伝えられないことがあります。自分は日本語には自信があるのに、なぜかうまくコミュニケーションが取れないと感じたら、**自分が配慮ある話し方ができているか**を考えてみましょう。正しい日本語を使うことは非常に大切です。しかし、職場では、配慮ある話し方ができていないと、たとえ日本語が上手でも失礼な印象を与えてしまうことがあります。相手が親しい同期入社の社員や先輩であっても、配慮ある話し方が大切です。ことばと声・表情・態度、そして、タイミングを意識すると、**自分の希望が相手に認めてもらいやすくなります**。つまり、自分の仕事がうまく進むようになるのです。

1. あなたの国から来た後輩（こうはい）から、「私は日本語には自信（じしん）があるのに、今日、同僚（どうりょう）に話し方が少し失礼（しつれい）だと言われてしまった」という相談（そうだん）を受（う）けました。後輩（こうはい）に、「配慮（はいりょ）のある話し方」を説明（せつめい）しましょう。

....

....

....

....

....

2. 次（つぎ）の①〜⑤の（　　）の中に、A〜Eの中からもっとも合（あ）うクッションことばを選（えら）んで入（い）れてください。A〜Eは1回（かい）だけ使（つか）います。

① 『（　　　）、今、お時間よろしいでしょうか』

② 『（　　　）、ご飲食（いんしょく）は、休憩室（きゅうけいしつ）でお願（ねが）いいたします』

③ 『（　　　）、こちらの書類（しょるい）に書（か）き直（なお）していただけますか』

④ 『（　　　）、Lサイズは在庫（ざいこ）を切（き）らしております』

⑤ 『（　　　）、今日は予定（よてい）がありまして。また、誘（さそ）ってください』

A：せっかくですが

B：お忙（いそが）しいところ申（もう）し訳（わけ）ございませんが

C：お手数（てすう）ですが

D：恐（おそ）れ入（い）りますが

E：あいにく

3. 上司（じょうし）に休暇（きゅうか）の依頼（いらい）をするとき、注意すべきことを考えて答えてください。

....

....

....

....

....

8 会議で発言をしましたが……
（話の進め方）

「自分なら、どう思いますか？　どうしますか？」

　今日、初めて会議に出席しました。外国人向けの新サービスがテーマだったので、私にも外国人の立場からの意見を求められました。私は、まず『みなさんが提案しているものは、外国人がほしいものとは違います』とはっきり言いました。ほかの出席者は少し驚いたようでしたが、自分の経験をもとに、外国人がほしがっているサービスについて話しました。いい提案ができたと思っていたのですが、結局、私の意見は議論されませんでした。なぜでしょうか？

クイズに答えましょう

問題　上司から仕事を頼まれました。次の①〜③のうち、一番いい答え方はどれでしょうか。

上司：『忙しいところ悪いね。この書類を今日中に英訳してくれる？』
①『今日はとても忙しいのでできません。申し訳ありません』
②『申し訳ありませんが、今日はシステムの納品日なので、ちょっと時間がないんです。明日の
　　午前中ならできますが、いかがでしょうか』
③『えっ？　今日中ですか？　今日はちょっと……』

答え（　　　　　　　　　　　　　　　　　　　　　　　　　　　　　　　　）

1. 話が伝わらない理由

　日本人と話し合っているとき、自分が非常によい意見を言っているのに、なぜか相手に伝わらない、反発されてしまうと感じることがありませんか。

　日本には、**よく使われている話の進め方**があります。これに慣れている人たちは、違う進め方をされてしまうと、相手の話がうまく耳に入ってこなくなります。ことばだけでなく、日本人がよく使う話の進め方を知っていると、うまく自分の意見を相手に伝えることができます。反対に、進め方を間違えると、自分の意見が伝わりにくくなります。さらに、場合によっては悪い印象を与えてしまい、そのあとの**自分の意見を聞いてもらいにくくなる**こともあります。

2. 依頼の３ステップ

　お願いをしたいときは、以下の３ステップで話を進めましょう。

1 相手の都合をうかがう
　（例）『今、よろしいでしょうか』

2 相手が聞く準備をできるような前置きをする
　（例）『少しお願いしたいことがあるんですが』

3 相手に合った依頼表現を使う
　（例）『資料の確認をしていただけないでしょうか』

　お願いをするのは自分の都合ですから、まず相手に、今、話してもいいかを聞きましょう。急にお願いのことばを言われると、相手は驚いてしまいます。

3. 断りの３ステップ

　お願いされたことや誘いを断るときは、以下の３ステップで話を進めましょう。

1 相手に謝る ✪
　（例）『すみません』『申し訳ありません』

2 相手に断る理由を伝える
　（例）『本日は、システムの納品日なんです』『これから会議なので……』

3 次につながる代わりの案を出す
　（例）『また、誘ってください』『来週なら時間があるのですが……』

　断りの３ステップの中には、『行けません』『できません』という**否定の**

✪ 誘われたときは、「ありがとうございます」とお礼も言いましょう。

言い方は出てこないことが特徴です。この特徴を知らないと、自分が依頼をしても、断られていることに気づけないかもしれません。最後には、相手とのいい関係を維持するために、**次につながることば**を伝えておきましょう。

4. 反対意見を言うときの３ステップ

反対の意見を言うときは、以下の３ステップで話を進めましょう。

1 相手の意見のいい点を認める

（例）『たしかに、機能はいいですね』

2 相手の意見の問題がある部分を指摘する

（例）『しかし、値段の点はどうでしょうか』

3 自分の意見を言う

（例）『もう少し値段を下げて提案するというのはどうでしょうか』

会議などは議論をする場ですから、いろいろな意見を言うことはいいことです。ただし、急に『それは違います』『反対です』といったことばを聞くと、相手の人は**傷つけられたように思う**かもしれません。まず、**相手のいい点を先に言っておく**と、相手は心を開いてくれます。それによって、自分の意見を聞き入れてもらいやすくなるのです。

5. お礼は３回

お礼は３回とは、以下の３つの場面のお礼のことです。

1 何かをしてもらったとき

（例）『ご確認いただきまして、ありがとうございます』

2 その日別れるとき

（例）『今日はありがとうございました』

3 次に会ったとき

（例）『先日はありがとうございました』

何かをしてもらったときにお礼を言わない人はいないでしょう。しかし、３回目のお礼は忘れやすいものです。日本人は、『先日はありがとうございました』といったお礼を言われることが当たり前だと思っている人が多いものです。３回目のお礼がないと、「先日のことは忘れてしまったのかな」「たいして喜んでいなかったのか」などと思われるかもしれません。❌

たとえば、飲み会で上司にごちそうになったときは、翌日の朝、『昨日はごちそうさまでした』という**3回目のお礼を忘れない**ようにしましょう。ただし、お礼は、**昨日の飲み会に参加していない人がいないところで言う**ようにしてください。相手だけでなく、周りへの配慮も大切です。

❎ 次に会ったときにお礼を言うのは、相手との前回の出来事を思い出して、これからもいい関係を続けたいという気持ちがあるからだといわれています。

1. あなたの国から来た後輩から、会議中、『みなさんの提案は間違っています』と発言したら、周りの人が驚いていたという相談を受けました。後輩に「話の進め方」を説明しましょう。

....

....

....

....

2. 次の①〜③の状況で、どのように話せばいいか考えて答えてください。

① 上司：『今日、帰りにみんなで晩ごはんでも食べようか』

　→今日は予定があるので、早く帰らなければならないと伝える。

自分：『..

....

....』

② 同僚：『今度の土曜日、新しくできたレストランにランチに行かない？』

　→そのレストランには行きたいが、土曜日は用事がある。日曜日はどうかと聞く。

自分：『..

....

....』

③ 部長に報告書の作成を頼まれた。

　→書き終わってはいるが、日本語が正しいか心配なため、提出する前に先輩に見てもらいたいとお願いする。

自分：『A（..

....）』

先輩：『いいよ』

自分：『B（..

....）』

先輩『うん。何？』

自分：『C（..

....）』

43

ジェスチャー

　ほかの人に何かを伝えるために、自分の体を使って表現することをジェスチャーといいます。日本人がよく使うジェスチャーには、次のようなものがあります。

１．自分のことを示すとき
　日本では、自分のことを示すときに、自分の鼻を指します。なお、欧米では、自分のことを示すときは、自分の胸のあたりに手を当てます。

２．「いいですよ」と伝えるとき
　日本では、「いいです（ＯＫ）」を示すとき、親指と人差し指で輪を作ります。なお、海外では、同じジェスチャーが、「ゼロ」や「お金」などまったく違う意味になります。

３．誰かを呼ぶとき
　日本では、誰かを呼んでこちらに来てほしいときは、手のひらを下にして手首を上下に動かします。なお、アメリカでは、同じジェスチャーが、「バイバイ」や「あっちへ行って」という意味になります。

４．謝るとき
　日本では、海外と同じように、祈るときに顔の前で両手を合わせます。さらに、両手を合わせて、申し訳ないという表情をしたり頭を下げたりすると、「ごめんなさい」と謝る意味になります。

５．数字を数えるとき
　日本では、片方の手の人差し指を立てると「１」、人差し指と中指を立てる（ピースサインと同じ形にする）と「２」、さらに、薬指も立てると「３」、小指まで立てると「４」、最後に親指を立ててすべての指を立てると「５」の意味になります。そして、「５」の形にしたまま、もう一方の手の指を同じように人差し指から立てていくと、「６」「７」「８」「９」「10」の意味になります。
　なお、海外では、指を立てる順番や指で作る形などに、さまざまな違いがあります。

だい　しょう

ビジネスのルール

1　電車の事故で遅刻をしましたが……
（時間厳守）

「自分なら、どう思いますか?　どうしますか?」

　私は電車通勤をしています。私が使っている電車は事故が多くて、よく電車が遅れて遅刻します。そのときは、駅で「遅延証明書」をもらって会社に提出しています。今日、先輩に、『遅延証明書を持ってくれば、それでいいということではないよ』と言われました。でも、入社したとき、『電車が遅れたときには、遅延証明書を持ってきてください』と言われました。私がしていることは間違っているのでしょうか?

クイズに答えましょう

問題　取引先を訪問することになりました。約束の時間は午前10時です。次の①〜③のうち、取引先の会社の受付に到着するのに一番いい時間と理由はどれでしょうか。

① 午前10時：約束の時間ちょうどに行くのがマナーだから
② 午前9時50分：受付の人から担当者に連絡してもらうので、少し余裕を持って訪問したほうがよいから
③ 午前9時30分：電車の事故などで遅くなるといけないので、早めに到着して、受付の人に到着していることを伝えておくとよいから

答え（　　　　　　　　　　　　　　　　　　　　　　　　　　　）

理解しましょう

1. 時間に対する考え方

　日本人が時間に厳しいことはよく知られています。日本の電車が時刻表どおりに運転されているのも有名です。日本では、時間厳守することを子どものころから教えられます。**余裕を持って行動できる**ように、時計を5分早めておく人もいます。そのため、「時間にだらしない人は、すべてにおいてだらしない」と考える人も多いのです。特に、仕事をするうえで**時間厳守は最低限のマナー**です。

2. 就業時間の考え方

　仕事が午前9時に始まる場合、午前9時に会社に着いていればよいと考える人もいるでしょう。**就業規則**※にそのように書いてあるのですから、当然かもしれません。しかし、**就業時間は仕事を始める時間**のことですから、午前9時には、仕事が始められる状態になっている必要があります。仕事が午前9時に始まる場合、**一般的には10分前には出社しておく**とよいでしょう。❌

　仕事を始める時間だけでなく、終わる時間にも同じことがいえます。**就業時間が終わってから、机の上の片付けや帰り支度**を始めます。また、仕事をするうえでの**締め切りについても時間厳守**が求められます。もしも、締め切りに間に合いそうもないときは、そのことがわかった時点で、**上司に相談する**ようにしましょう。締め切り日になってから、『間に合いません』と言うのでは、その仕事の終了を待っている人に迷惑をかけることになります。

3. 遅れるときの対応

　「5分前集合」ということばを知っていますか。**約束の時間の5分前には集合する**という意味です。日本人と待ち合わせて、約束の時間ちょうどに行ってみると、すでに全員が集まっていたといったことがあるのではないでしょうか。

　約束の時間に遅れてはいけませんが、遅れるときは、**できるだけ早く連絡する**ことが大切です。また、「連絡したからいい」ということではありません。遅れて到着したときは、**きちんとおわびをしましょう**。なお、連絡**は必ず相手に伝わる方法で行いましょう**。一方的なメールでの連絡などは、相手がいつ読むかがわかりません。電話などで相手に直接伝えることが一番望ましいですが、**既読機能**※のついた SNS（Social Networking Service）

※**就業規則**
第2章第2節で詳しく説明しています。

❌ ただし、出社時間の考え方は、会社の習慣によって違いますので、先輩に聞いておきましょう。

※**既読機能**
相手が読んだことが送った人にわかる機能で、色が変わる、チェックマークが付くなどがあります。

47

などを利用している会社もあるようです。

4. 訪問の時間の考え方

　　他社を訪問するときも時間厳守が求められます。しかし、**早すぎる訪問も相手にとっては迷惑**なことです。電車の事故や車の渋滞などを考えて、約束の時間に遅れないように、早めに会社の近くに着くようにしましょう。駅の中や誰でも利用できる休憩所など**訪問先の近くで時間を調整**して、訪問先の受付に行くのは、5〜10分前ぐらいが適当です。

　　初めて訪問する会社の場合は、交通経路や道順などをインターネットで調べておくことも大切です。

5. 職場での時間厳守の重要性

　　時間について厳しく言われると、「めんどうくさいな」「1分や2分の遅れなら、たいした影響はないんじゃないか？」と考える人もいると思います。先にも説明したとおり、**時間厳守は日本人と働くときの基本**です。時間を守ることが前提で仕事のスケジュールが組まれているのですから、自分が時間（締め切り）を守らないと、次の仕事に大きな影響があったり、作業が進まなくなったりすることがあります。また、仕事のうえでの大きなチャンスを逃してしまうこともあるかもしれません。**自分の仕事をうまく進める**ためにも、時間厳守は大切なことです。

COLUMN

遅延証明書

　　事故などで電車の運行が遅れた場合、駅で遅延証明書を配布しています。また、インターネットから入手することもできます。会社に遅れそうなとき、また、遅れてしまうときは、必ず遅延証明書を手に入れておきましょう。

　　しかし、毎日、遅延証明書を持って遅刻してくる社員を、周りの人はどう考えるでしょうか。「大変だな」と思う人もいるでしょうが、「よく遅れる電車を利用しているなら、それを考えて少し早く家を出ればいいのに」と思う人もいます。電車の事故は、自分のせいではありませんが、遅れないように行動することはできるはずです。なお、台風や大雪などの予報が出ているときは、会社から出勤について指示が出る場合があります。職場の人に確認しましょう。

1. 日本で日本人と仕事をするとき、時間厳守は大切なことです。あなたの国から来日したばかりの後輩に、「時間厳守の考え方」について、知っておいてほしいと思うことを説明しましょう。

....

....

....

....

....

2. 次の文章を読んで、（　　）の中に、正しいものには○を、間違っているものには×を入れてください。

① 出社時間に遅刻しそうなときは間に合うよう努力して、それでも時間が過ぎてしまったら会社に連絡する。　　　　　　　　　　　　　　　　　　　　　　　　　　　　（　　）

② 遅刻をしても、その分遅くまで働けばいいのであまり気にすることはない。　　（　　）

③ 午前9時から仕事が始まる会社であれば、午前9時に会社に着いていればよい。　（　　）

④ 仕事の締め切りに間に合いそうもないと思っても、締め切りの日まではそのまま進める。（　　）

⑤ 取引先を訪問するときは、あまり早く行くと迷惑になるので、5〜10分ぐらい前に受付に着くのがよい。　　　　　　　　　　　　　　　　　　　　　　　　　　　　　　（　　）

3. 他社を訪問するため、同僚と駅で待ち合わせをしました。遅刻をしそうになった場合、どのような方法で連絡をすればよいか考えて答えてください。

....

....

....

....

....

2 仕事のために休日出勤をしましたが……
（就業時間）

「自分なら、どう思いますか？　どうしますか？」

　最近、仕事を任せてもらえるようになってきました。平日は、取引先に行ったり、会議に出席したりしているので、なかなか自分の席で書類をまとめる時間がありません。それで、週末に書類をまとめようと思い、日曜日に出勤して仕事をしました。

　月曜日に、上司から『どうして休日出勤したの？』と、困った顔で言われました。私は仕事をしていたのに、どうして上司を困らせたのでしょうか？

クイズに答えましょう

問題　次の①〜③のうち、残業するときの正しい手続きはどれでしょうか。

① 残業したことを、翌日上司に報告する。
② 残業したいことを、事前に上司に相談する。
③ 残業した時間はタイムカードなどで記録されるため、報告などはしない。

答え（　　　　　　　　　　　　　　　　　　　　　　　　　　　　　　）

理解しましょう

1. 就業時間

就業時間は、それぞれの会社の**就業規則**に決められています。就業規則とは、仕事をするときに、会社と従業員が守らなければならないルールをまとめたものです。労働時間、始業時間・終業時間・休憩時間、休日・休暇、給料などの賃金が定められています。❽入社するときには、会社と雇用契約を結びますが、雇用契約も就業規則がもとになっています。就業規則を守ることは、会社にとっても自分にとっても重要なことです。

就業とは、仕事が始められる状態になっていることです。就業時間の前に、着替えをしたり、パソコンを立ち上げたりして、仕事が始められる準備をしておきましょう。❾

2.昼休み・休憩時間

昼休みや休憩は、就業規則に決められている時間に取ります。職場によっては、交替で取る場合もありますので、全員が時間どおりに休めるように、必ず、開始と終了の時間を守ってください。

昼休みや休憩時間は心と体を休める時間ですが、まだ、**就業時間中である**ことに注意しましょう。特に、会社の制服を着ていたり、名札を付けたりしたまま外に出る場合は、周りの人からは、自分が会社の代表として見られます。会社の評判を落とすような行動はしてはいけません。

3.遅刻・早退

1. で述べたように、就業規則には、始業時間と終業時間が決められていますので、始業時間に遅れるとき、あるいは、終業時間より早く帰るときは、必ず届け出なければなりません。予定が決まっている場合は、早めに上司の許可を得ます。また、仕事に影響がないように、事前に仕事をすませたり、同僚にサポートをお願いしたりしておきましょう。

急な遅刻の場合は、電話などで上司に直接連絡をしましょう。就業時間になっても会社にいないと、周りの人が心配します。

4. 残業・休日出勤

1.で述べたように、就業時間は就業規則に決められています。このため、勝手に残業や休日出勤をすることはできません。決められた出勤日では仕事が終わらず、就業時間以外にも仕事をしたい場合は、**必ず事前に上司の許可**をもらってください。

❽ 賃金については、多くの場合、さらに「賃金規程」などで細かく定められています。

❾ 就業時間の考え方については、第2章第1節で詳しく説明しています。

51

また、仕事を家へ持ち帰って終わらせようとする人もいますが、これも就業時間外の仕事（残業）に入ります。また、仕事を社外へ持ち出すことは、**情報管理**※**の面からも大きな問題**となりますので、必ず上司に相談してください。

※情報管理
第2章第7節で詳しく説明します。

就業時間中に仕事が終わらない状態が続くときは、**上司や周りの人に相談**しましょう。自分が担当する仕事の量が多すぎるのかもしれません。あるいは、仕事の進め方に問題があるのかもしれません。1人で抱えていても仕事が遅れるばかりです。何より、**自分の体を壊すようなことになっては大変な損失**となります。

5. 休暇申請

※有給休暇
仕事を休んでも、賃金が払われる休暇のことです。

休暇を取る場合も申請が必要です。年間の休暇日・有給休暇※日数も就業規則に決められていて、そのなかで休暇を取ることが可能です。しかし、権利として認められていても、周りの人になるべく迷惑がかからないようにする配慮が必要です。休暇を取りたい日が決まったら、できるだけ早く周りの人に相談しておくようにしましょう。なお、休暇中にお願いしなければならないことは、きちんと引き継いでおきましょう。

COLUMN

働き方改革

日本人の長時間労働は、国際的に問題になっています。世界からも、「多くの労働者が長時間労働に従事している」「**過労死**（働きすぎのために亡くなること）や精神的な**ハラスメント**（いやがらせ）による自殺が職場で発生し続けている」という指摘がありました。このため、日本政府は働き方改革を進めています。そのなかの1つに、「長時間労働の解消」があり、時間外労働の上限規制も含まれています。このため、会社は、社員の就業時間をきちんと管理しなければなりません。

日本では、長い時間働くことがいいことであると思われていた時代がありました。しかし、今は、就業時間内に仕事を終えるように、会社にも社員にも工夫が求められています。すでに、仕事と生活の調和を意味する「ワークライフバランス」という考え方も広がっています。**仕事と生活のどちらも大切にする**ことで、仕事にも私生活にもいい影響が生まれるという考え方です。

1. 休暇の考え方について、次の①〜④のうち正しいものをすべて選んでください。

① 休暇の日数は会社のルールで決まっており、会社によって違う。

② 休暇を取ることは働く人の権利であり、自分が休みたいときに自由に休める。

③ 忙しくて休暇を取れない人がいやな気持ちにならないよう、上司以外には休暇を取ることは言わない。

④ 休暇を取るときは、休み中に何かあったときのために、自分の仕事をまとめておく。

解答（　　　　　　　　　　　　　　　　　　　　　　　　　　　　　　　　　　　　　　　）

2. まだ、担当の仕事に慣れていなくて、担当の仕事量はとても多いと感じています。日中は、周りの人からいろいろと頼まれるため、なかなか自分の仕事ができません。毎日、残業して終わらせようとしていますが、人事部の人や上司からは、あまり残業をしないようにと言われています。次の①〜④のうち、したほうがいいものをすべて選んでください。

①人事部の人や上司にわからないように、朝早く来て仕事をする。

②仕事を頼まれたときに、『できません』と断る。

③自分の仕事のやり方に問題がないか考えてみる。

④自分の今の状況について、上司に相談する。

解答（　　　　　　　　　　　　　　　　　　　　　　　　　　　　　　　　　　　　　　　）

3. 次の文章を読んで、（　　）の中に、正しいものには○を、間違っているものには×を入れてください。

① 就業時間は就業規則に決められている。　　　　　　　　　　　　　　　　　　　　（　　）

② 自宅でする仕事は残業ではない。　　　　　　　　　　　　　　　　　　　　　　　（　　）

③ 休日出勤をすると就業規則違反になるため、気づかれないように出勤する。　　　　（　　）

④ ワークライフバランスとは、仕事か私生活かのどちらかを選ぶことである。　　　　（　　）

⑤ 休暇の申請は、周りの人の迷惑にならないようになるべく早く行う。　　　　　　　（　　）

3 自宅で仕事をすることになりましたが……
（テレワーク）

「自分なら、どう思いますか？　どうしますか？」

　3月に大学を卒業して、日本の会社に就職しましたが、コロナ禍でテレワークになってしまいました。満員電車に乗る必要がないことは嬉しいのですが、まだ一度も会社の人と対面で会ったことがありません。正直、不安でいっぱいです。テレワークの場合と対面の場合とでは、仕事の仕方は違うのでしょうか？

クイズに答えましょう

　問題　次の①～⑤の文のうち、正しいものはどれでしょうか。

① テレワークの準備にかかる費用は、すべて自分で払わなければならない。
② 自宅からオンライン会議に参加するときは、生活音などが聞こえないように、なるべく静かな環境をつくる。
③ 体調が悪く仕事を休むときは、出勤するわけではないので誰にも連絡する必要はない。
④ 自宅で仕事をするときは、一人暮らしなら情報管理について心配する必要はない。
⑤ 上司や先輩の忙しさが確認できないので、わからないことがあったときは自分で解決するように努力する。

答え（　　　　　　　　　　　　　　　　　　　　　　　　　　）

理解しましょう

1. パソコンやネットワークなどの環境の設定

　テレワーク※になった場合、仕事をする場所は「自宅」です。❶まず、テレワークに適切な環境を整える必要があります。次の準備をしましょう。

1 パソコンはあるか

2 ネットワークの状態はいいか

3 ビデオカメラ、マイク、ヘッドセットはあるか

4 静かな環境をつくることができるか

5 OSやアプリケーションは最新か

　通常、このような設備は会社がそろえてくれますが、自宅の環境は、自分でそろえる場合もあります。ただし、準備にかかる費用は会社に相談しましょう。特に、ネットワークの問題は重要です。通信状況がよくないと、オンライン会議が行われる際、きちんと参加できなくなります。そこで話し合われる内容を理解することが難しく、スムーズに進行しないことで、会議全体に差し支えます。Wi-Fiを使用してネットワークを使うことが多いと思いますが、テレワークでは、有線を使用することをすすめます。通信が安定し、接続が途切れにくいという利点があります。また、Wi-Fiは、**情報漏洩の原因となる**可能性があります。特に、無料で使えるWi-Fiは、仕事では使用しないほうがいいでしょう。

　カメラやマイクは、**円滑なオンライン会議参加のために必要**となります。ノートパソコンなど、すでにマイクが付いているものもありますが、パソコンマイクは周りの雑音も拾ってしまいます。ヘッドセットを使用すると、相手の声がよく聞こえますし、自分の声を相手にはっきり、明確に伝えることができます。オンライン会議で参加者がストレスを感じずに参加することができます。

　オンライン会議で使われるアプリケーションは、かなり頻繁に更新されています。古いバージョンを使っていると、不具合を起こしたり、使えない機能が出てきたりして、会議の進行の妨げになることがあります。会議開始前に、必ずアプリケーションを確認し、最新バージョンに更新しておくようにしましょう。

　テレワークで、自宅から会議に参加する場合、背景にも気を配りましょう。また、個人情報が映りこむ恐れもあります。可能であれば、バーチャル背景を活用したり、壁やカーテンの前に座るなど、ビデオカメラで自分が相手にどのように見えているかの確認をするようにしましょう。また、服装は、自宅にいるからといって、普段着での参加は認められません。

※テレワーク
会社以外の場所で働くことで、「リモートワーク」などの言い方もあります。新型コロナウィルス感染症拡大でコロナ禍と呼ばれる状況のなか、人々の働き方も、テレワークという形態に移行が進んでいます。

❷ 貸会議室やカフェなど、自宅以外の場所でのテレワークを認めている会社もあります。会社のルールに従ってください。カフェのように、多くの人が自由に出入りする場所で仕事をするときは、情報の取り扱いに注意しましょう。

画面で見える部分（上半身）のみシャツまたはブラウスとジャケットで、下はパジャマのままというのもよくありません。自宅にいても、**就業時間と私的（プライベート）な時間のオンとオフをはっきりさせる**ためにも、適切な服装で仕事に臨みましょう。

2.テレワークでの働き方

テレワークで難しいのは、時間管理です。出勤していれば、自宅にいる時間は、基本的には仕事をしないプライベートな空間となりますが、テレワークでは、仕事もプライベートも自宅という場所を使います。そのため、時間の使い方が大切であり、メリハリが必要です。飲食の時間についても同様です。

いつまでもだらだらと仕事を続けるのではなく、会社に出勤しているときと同じように、**就業時間※を守って仕事をする**ようにしましょう。また、オンライン会議も、時間厳守で参加します。会議の時間になったらスムーズにつながるよう、パソコンの起動やアプリケーションの更新は、余裕を持って行いましょう。

※就業時間
第2章第2節で詳しく説明しています。

3.テレワークでの情報管理

社外で仕事をするために、今まで社内で保管していたパソコンや書類などを社外に持ち出すこともあるでしょう。パソコンの中や書類にある**情報の取り扱い方** ✖ は、会社ごとに厳しく決まっていますので、確認し、必ずルールに従ってください。

自宅であっても、気づかないうちに情報が流出する危険があります。書類に書かれていることや会議での発言などを、同居人が、悪意がなくてもうっかり人に話してしまい、会社の大切な情報が漏れてしまう可能性もあります。自宅であっても、基本的な情報管理のルールを守ってください。

✖ 情報の取り扱い方については第2章第7節で詳しく説明しています。

4.テレワークでのコミュニケーション

仕事の進み具合は、定期的に上司に報告するようにしましょう。実際に顔を合わせる機会が少ないため、コミュニケーションが取りにくいと感じる人が多いようです。たしかに、あいさつや雑談の機会などが減り、一緒に仕事をしている人がどんな人なのかはよくわからないということもあるでしょう。テレワークでも仕事上の**「ホウレンソウ」や「ザッソウ」※**を行い、職場の人とコミュニケーションを取るいい機会と考えましょう。

テレワークの導入とともに、会社ではさまざまなコミュニケーションツールが使われています。何か問題があった場合は、ツールを活用して会社に相談し、1人で抱え込まないようにしてください。

※「ホウレンソウ」や「ザッソウ」
ホウレンソウは報告・連絡・相談、ザッソウは雑談・相談のことです。第2章第6節、第4章第3節で詳しく説明しています。

1. 自宅でテレワークをする場合、さまざまな準備が必要になります。次の①〜④に答えてください。

① パソコンの用意はどうするか。

....

....

② テレワークを円滑にするためには、安定したネットワークのある環境が必要だが、どうしたらよいか。

....

....

③ 安定したネットワークのある環境にする際、何に気をつける必要があるか。

....

....

④ ヘッドセットは、何のために必要か。

....

....

2. 次の①〜③のうち、テレワークの就業時間の考え方についてもっとも正しいのを選んでください。

① 自宅での仕事は、24時間自分がしたいときにすればよい。自宅にいると、プライベートの時間と仕事の時間を混同しがちになるのは、ある程度は仕方がない。

② 会社に出勤しているときと同じように、始業時間が9時なら同じ9時に始め、昼休みも時間どおりに取る。終業時間になったら仕事をやめて、残業はしないほうがよい。

③ オンライン会議の時間は必ず守り、その時間帯は、服装も会社に通勤して仕事をしているときのようにする。それ以外の時間帯は、リラックスできる服を着て、自分のペースで仕事をすればよい。

解答（　　　　　　　　　　　　　　　　　　　　　　　　　　　　　　　　　　　　　）

3. 外国籍社員であるあなたの後輩が、「テレワーク中、実際に誰とも会わないので、就職した気がしない。とてもさびしくて孤独を感じる」と悩んでいます。後輩にアドバイスしましょう。

....

....

....

....

4 きちんとあいさつをしたのですが……

（あいさつ）

「自分なら、どう思いますか？　どうしますか？」

　今日の午前中は、課長と一緒に取引先に行ったので、職場には午後から行きました。オフィスに入ったとき、私は大きな声で元気よく、『こんにちは』とあいさつをしました。すると、みなさんは、少し驚いた顔で私を見ました。いつも、朝、大きな声で『おはようございます』とあいさつしても誰も驚かないのに、何がいけなかったのでしょうか？

クイズに答えましょう

問題　次の①〜⑤の状況であいさつをするとき、どのことばを使いますか。（　　）の中に、A　　　〜Ｉの中から選んで記号を入れてください。①〜⑤は、2つ以上入るものもあります。

① 午後に出社して、最初に会ったときのあいさつ　　　　　　　　　（　　　　　　　　　　）
② 退社するとき、まだオフィスに残っている人へのあいさつ　　　　（　　　　　　　　　　）
③ 昼休みに食事に出て、オフィスに戻ったときのあいさつ　　　　　（　　　　　　　　　　）
④ 取引先を訪問するため、外出するときのあいさつ　　　　　　　　（　　　　　　　　　　）
⑤ 外出から戻ってきた社員へのあいさつ　　　　　　　　　　　　　（　　　　　　　　　　）

A：おはようございます　　B：こんにちは　　　　　C：お疲れ様です

D：お帰りなさい　　　　　E：行って参ります　　　F：お先に失礼します

G：さようなら　　　　　　H：ただ今戻りました　　Ｉ：行ってらっしゃい

理解しましょう

1. 社内でのあいさつ

　あいさつは、**コミュニケーションの第一歩**であり、人間関係をよくします。特に、毎日会う人や一緒に仕事をする同僚とのあいさつは、非常に大切です。また、相手からのあいさつを待つのではなく、**自分から進んで笑顔と明るい声であいさつ**しましょう。そして、自分からのあいさつを毎日続けることが大切です。たとえ、自分が苦手だと思う人、好きではない人に対しても、自分の気分が悪いときもいいときも、同じ調子であいさつすることを心がけましょう。

　あいさつには、「私はあなたがここにいることを認識しています」と伝える意味もあります。あいさつによって、人間関係がスタートするのです。

2. 場面で異なる社内でのあいさつのことば

　会社に出勤したときの第一声は、『**おはようございます**』です。❽朝一番ですから、今日をいい気分でスタートできるように、明るい声でのあいさつを心がけましょう。また、『おはようございます』は、朝だけのあいさつとは限りません。**フレックスタイム制**※を導入しているような会社をはじめ、職場によっては、午後に出勤しても最初のあいさつは『おはようございます』を使うこともあります。なお、午後に出勤した場合、社内の人には、『こんにちは』ではなく、一般的には『お疲れ様です』と言います。❽

　外出の際には、『**行って参ります**』『**行ってきます**』と社内の人に声をかけます。また、社内の人が外出する際は、『**行ってらっしゃい**』と言って送り出しましょう。外出から戻ったら、『**ただ今戻りました**』『**ただ今帰りました**』と言って、自分が帰社したことを知らせます。また、社内の人が外出先から戻ってきたら、『**お帰りなさい**』『**お疲れ様でした**』と言って迎えます。

　社内では、さまざまな場面であいさつをします。会議室や応接室に入る際には『**失礼します**』、会議室や応接室から出る際には『**失礼しました**』と言います。廊下などで同僚とすれ違うときは、『**お疲れ様です**』と声をかけたり、**目礼（目だけのお辞儀）**だけをしたりします。❽1日に何度も顔を合わせる人に、毎回『お疲れ様です』と言うと、あいさつが多すぎると感じるときもありますので、そのときは、**目礼や会釈（軽いお辞儀）**※だけでもいいでしょう。

　あいさつの際に、**口角（口の両端）を上げて微笑する**ことを心がけると、相手も自然と笑顔になります。あいさつは、コミュニケーションの基本であることを忘れないようにしましょう。

❽「おはようございます」は、「お早いですね」からできたことばといわれています。英語の「Good Morning」とは意味が違います。

※**フレックスタイム制**
仕事を始める時間や終わる時間を自分で自由に決めることができる制度です。

❽「こんにちは」については、第5章コラム「ビジネスでも『こんにちは』？」で詳しく説明しています。

❽目礼では、目と目を合わせるだけでなく、笑顔を心がけてあいさつしましょう。

※**会釈**
第2章第5節で詳しく説明しています。

3. 社外でのあいさつ

　他社を訪問した際は、場面に応じて、以下のあいさつをします。

❶ 受付に着いたとき

　通常は、訪問先の受付の人が、先にお辞儀とあいさつをしてくれますので、相手に応えてあいさつをします。

　（例）相手：『いらっしゃいませ。ご用件をおうかがいいたします』
　　　　自分：『私、ABC社の○○と申します。本日、営業部の△△様と
　　　　　　　面会のお約束があるのですが』

　自分からあいさつする場合は、『お世話になっております』と告げてから、自分の会社名と名前を伝え、訪問相手の部署名と名前などを伝えます。

❷ 訪問先の部屋に入るとき

　『失礼いたします』と言って、部屋の中に入ります。このあと、次のようなあいさつが行われます。

　（例1）相手：『本日は、わざわざお越しいただきまして、ありがとうございます』❽
　　　　　自分：『いえいえ。先日は、新商品ご案内のお時間をいただき、ありがとうございました』
　　　　　相手：『こちらこそ、大変お世話になりました』
　（例2）相手：『本日は、雨の中、ご足労※いただきまして、恐れ入ります』
　　　　　自分：『いいえ、ちょうど雨が弱かったので、助かりました』
　　　　　相手：『そうでしたか。お帰りのころには、雨が上がっているといいのですが』

　（例1）のあいさつでは、前回会ったときのお礼を述べています。（例2）のあいさつでは、天気に関する話題を取り入れています。なお、天気に関する話題には、次のように、季節ごとにさまざまな内容があります。

【冬（寒い時期）】
『お寒い中、遠いところまでお越しいただきまして、ありがとうございます』
【桜の時期】
『桜が満開できれいですね』『どこかお花見には行かれましたか』
【梅雨の時期】
『毎日、よく降りますね』『関西は、梅雨入りしたようですね』
『東京も、梅雨明け間近のようですね』
【夏（暑い時期)】
『お暑い中、わざわざお越しいただきまして、大変恐縮です』

❽「わざわざ」を入れると、特にこのために時間をかけてくれたこと、面倒なことをしてくれたことへの感謝の気持ちが加わります。
※ご足労
来てもらったことに対する感謝の気持ちを込めた表現です。『足をお運びいただき、ありがとうございます』という表現もあります。

1. あなたの国から来日したばかりの後輩が、「午後から出勤する人が、『おはようございます』とあいさつをするのはおかしい」と言います。後輩に、午後から出勤する人も『おはようございます』とあいさつする理由を説明しましょう。

_____
_____
_____
_____
_____

2. お客さまの会社に初めて訪問することになりました。訪問する相手は営業部の山田太郎、訪問時間は14時です。次の①～③の場面で使うことばを考えて答えてください。

①受付

受付の人：『いらっしゃいませ』

自分　　：『A（
　　　　　　　　　　　　　　　　　　　　　）』

受付の人：『お待ちしておりました。〇〇会社の▲▲様でございますね。それでは、ご案内まで、そちらにお掛けになってお待ちください』

自分　　：『B（
　　　　　　　　　　　　　　　　　　　　　）』

②山田さんが受付に来たとき

山田：『お待たせしました。それでは、お部屋にご案内いたします』

自分：『A（
　　　　　　　　　　　　　　　　　　　　　）』

山田：「本日は、あいにくの天気の中、ご足労いただき、ありがとうございます」

自分：『B（
　　　　　　　　　　　　　　　　　　　　　）』

③部屋に到着したとき

山田：『どうぞ、お入りください』

自分：『（
　　　　　　　　　　　　　　　　　　　　　）』

5 隣の人が電話をしていたのですが……

（お辞儀）

「自分なら、どう思いますか？　どうしますか？」

　日本では、あいさつをするとき、お辞儀もすることは知っています。でも、電話で話しているとき、お辞儀をしている人をよく見るので、不思議に思っています。今日も隣の先輩が、『申し訳ありません』と言いながら、頭を下げていました。相手には見えないのに、なぜ、お辞儀をしているのでしょうか？

クイズに答えましょう

問題　次の①～③のとき、適切なあいさつはどれでしょうか。（　　）の中に、A～Cの中からふさわしいお辞儀を選んで記号を入れてください。

① （取引先で）『申し訳ございませんでした』　　　　　　　　　　　　　　　　（　　）
② （部屋に入るとき）『失礼します』　　　　　　　　　　　　　　　　　　　　（　　）
③ （自己紹介の最後に）『よろしくお願いします』　　　　　　　　　　　　　　（　　）

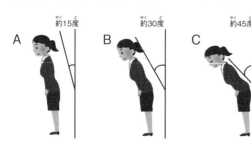

理解しましょう

1. お辞儀の習慣

　あいさつ※の表現として、国によっては、握手をしたり、抱き合ったり、キスをしたりすることもあります。

　日本には、お辞儀の習慣があります。なお、お辞儀をするのは日本だけではなく、海外でも、立場が上の人に対して頭を下げる習慣は見られます。

　お辞儀をする理由には、いろいろなものがありますが、その1つに、次のような理由があります。

　頭は体の中でも大切な場所です。その頭を相手の前に差し出すわけですから、「あなたに敵意はありません。また、あなたも私に害を加えないと信頼しています」という気持ちを表していることになります。もしも、目の前にいる人が自分に敵意を持っていたら、自分の頭を攻撃されてしまいます。

　なお、握手をする理由も、**利き手**※に何も持っていないことを示すためともいわれています。方法は違っても、あいさつの基本は、**「相手に敵意がないこと」**「相手といい関係を築きたいこと」** を示すものといえます。

2. お辞儀の仕方

　お辞儀をするときは、次のような動きをします。

(1) 正しく立つ

　きれいなお辞儀をするには、まず、きれいに立つことが重要です。

1 背筋を伸ばして真っ直ぐ立つ

2 手は、女性は体の前で軽く合わせ、男性は横に真っ直ぐ伸ばす

3 あごを引き、お辞儀をする相手の顔をきちんと見る

(2) お辞儀をする

1 体を曲げる

・背筋を伸ばしたまま、首を曲げないように注意しながら上半身を腰から前に倒します。

・倒すときは、すばやく倒します。

2 止まる

・上半身を倒した状態で止まります。

3 体を起こす

・ゆっくりと上半身を戻します。

※あいさつ
第2章第4節で詳しく説明しています。

※利き手
文字を書いたり、はさみを使ったりするときの手のことです。右手を使う人を右利き、左手を使う人を左利きといいます。

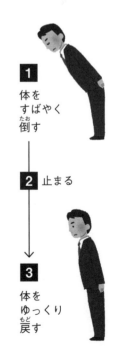

1
体を
すばやく
倒す

2 止まる

3
体を
ゆっくり
戻す

3. 状況に応じたお辞儀

　お辞儀のとき、どのぐらい上半身を倒すかは、そのときの状況によります。たとえば、自分が失敗してしまったことを謝るときは、深く頭を下げます（①最敬礼）。しかし、朝、職場に着いて会う人ごとに『おはようございます』とあいさつをするときには、謝るときほどの深いお辞儀はしません（②敬礼）。廊下などで会ったときのあいさつは、少し頭を下げるのが普通です（③会釈）。会釈は、立ち止まらずに、歩いたまますることもあります。つまり、お辞儀は、**状況やことばに応じて行う**ものです。

　電話をしているときに、相手が目の前にいなくてもお辞儀をするのは、おわびやお礼の気持ちを伝えるときの習慣になっているためです。❊

❊ オンライン会議でも、あいさつするときはお辞儀をします。基本的には座ったままですが、背もたれに背中をつけないで、椅子の手前に腰かけます。背筋を伸ばして、さっと頭を下げたら、一時停止し、ゆっくりと頭を上げるときれいに見えます。口角を上げて、笑顔を忘れずにあいさつしましょう。

●**お辞儀の種類**●

①最敬礼　約45度　②敬礼　約30度　③会釈　約15度

4. お辞儀の意味

　いくらきれいなお辞儀ができても、心がこもっていなければ意味がありません。お辞儀の深さを気にするよりも、**自分の心が表れているか**が大切です。

　なお、ことばを言いながら頭を下げてしまうと、ことばが聞こえにくくなってしまうので注意しましょう。自己紹介やプレゼンテーションなどでは、あいさつのことばを終えてからお辞儀をすると、全体の印象がよくなります。

●**お辞儀とあいさつ**●

よろしくお願いします。

あいさつが先　　　　お辞儀があと

1. あなたの国から来日したばかりの後輩に、「お辞儀の意味」を説明しましょう。

....

....

....

....

2. 次の文章を読んで、（　　）の中に、正しいものには○を、間違っているものには×を入れて
ください。

① お辞儀は日本にしかない文化である。　　　　　　　　　　　　　　　　（　　）

② きれいに見えるお辞儀をするためには、上半身をすばやく倒して、すばやく戻すとよい。

　　　　　　　　　　　　　　　　　　　　　　　　　　　　　　　　　　（　　）

③ 頭を少し下げるお辞儀を会釈という。　　　　　　　　　　　　　　　（　　）

④ お辞儀の深さは状況によって違う。　　　　　　　　　　　　　　　　（　　）

⑤ あいさつをしてからお辞儀をすると、全体の印象がよくなる。　　　　（　　）

3. きれいなお辞儀をするための説明について、次の①〜⑦の（　　　）の中に、A〜Iのうち
正しいものを選んで入れてください。

　　まず、①（　　　）を伸ばしてきれいに立ちます。

　　手は、女性は体の②（　　　）で軽く合わせ、男性は真っ直ぐ③（　　　）に伸ばします。

　　それから、④（　　　）を引き、お辞儀をする相手の⑤（　　　）をきちんと見ます。

　　⑥（　　　）だけ曲げないように注意して、⑦（　　　）から前に倒します。

A：横　B：ななめ　C：前　D：顔
E：あご　F：首　G：胸　H：背筋　I：腰

6 報告書を書くように言われましたが……
（報告・連絡・相談）

「自分なら、どう思いますか？　どうしますか？」

　日本はどうしてこんなに報告書が多いのでしょうか？　報告書を書くくらいなら、新しいビジネスのことを考えたり、仕事を先に進めたりするほうが、よほど有益ではないかと思います。また、チームで意見を合わせるより、1人ひとりが責任を持って仕事を担当したほうが、効率がいいと思います。報告は、そんなに大切なんでしょうか？

クイズに答えましょう

問題　日本では、報告・連絡・相談をある野菜にたとえることがあります。次の①～④のうち、どれでしょうか。

① レンコン	② ホウレンソウ	③ トウモロコシ	④ チンゲンサイ

答え（　　　　　　　　　　　　　　　　　　　　　　　　）

理解しましょう

1. 報告・連絡・相談（ホウレンソウ）の基本

　報告・連絡・相談は、それぞれの最初の２文字を合わせて「報連相（ホウレンソウ）」と呼ばれています。野菜の「ホウレンソウ」と同じ音であり、野菜にたとえることで、身近に印象づけられています。⊗

1 報告の基本

　指示を受けて**実行した仕事の結果を、指示をした人に知らせること**が報告です。すべて終わったあとの結果だけでなく、仕事の進み具合や問題点なども必要に応じて報告することが大切です。

2 連絡の基本

　情報をお互いに知らせ合うことです。その**仕事に関係のある人全員に、情報を伝える**必要があります。仕事によっては、ある部署から別の部署へ、さらに会社全体へ連絡することもあります。

3 相談の基本

　問題を解決するために**話し合ったり、他の人の意見を聞いたり**することです。仕事をするうえで、自分１人では判断できないこと、疑問や心配ごとなどについて、上司や先輩、同僚に話し、適切な指示や助言を仰ぎます。

2. 報告の仕方と注意点

　報告は、行う**タイミングが大切**です。特に、忙しい人に報告を聞く時間を作ってもらうのは、難しいことです。もちろん、大切なことはすぐに報告しなければなりませんが、予定どおりに進んでいる仕事の状況などの急ぐ必要がない報告は、相手の様子をよく観察して声をかけるようにしましょう。

　まず、『課長、すみませんが、今、よろしいでしょうか』などと、相手の都合をうかがいます。『課長、今日の仕事について、結果をご報告します』などと、急に話し始めないようにしましょう。

　また、報告する際には、**結果を先に述べ、経過や理由はそのあとで話す**ようにしましょう。そして、報告は**口頭だけではなく、文書でも残しておく**ことが大切です。口頭と文書のどちらを先にするかは、タイミングや状況によりますが、口頭で述べたことは文書にまとめてメールで送るなどし、文書で渡した内容は口頭でも簡潔に相手に伝えるようにしましょう。

3. 連絡の仕方と注意点

　連絡は、できるだけすみやかに、かかわりのある全員に行うことが大切

⊗ 近年、「ザッソウ（雑談と相談）」という考え方が注目されています。特に、テレワークが盛んになり、人間関係の構築が難しい状況で評価されるようになりました。効率だけを求めても仕事はうまくいきません。「ザッソウ」がチームを円滑にし、仕事の成果も上げるということです。雑談については、第4章第3節で詳しく説明しています。

です。しかしその中でも、なるべく**上司から先に伝える**ようにしましょう。上司は、仕事全体を把握しておく必要があります。全員に連絡をする前に、**上司の意向を聞いておく必要があります**ので、ほかの人は知っていて、上司は知らなかったというようなことがないよう配慮しましょう。

　報告と同様、連絡も**口頭だけではなく、文書でも残しておく**ようにしましょう。また、連絡は、メールだけで行うこともあります。

4. 相談の仕方と注意点

　仕事の進め方や不安に感じたこと、疑問に思ったことは、どんなに小さなことでも、すぐに上司や先輩に相談しましょう。自分だけの判断で仕事を進めて、問題が発生したり、周りに迷惑をかけたりすることがないように、**質問や確認によって事前に防ぐ**ことが大切です。また、今よりもよい方法を見つけたとしても、**何かを変更するとき**は、必ず相談してください。自分だけで勝手に判断せず、**提案として相談**するようにしましょう。

5. ホウレンソウで使う表現

❶ 相手の都合を聞く

　『今、お時間よろしいでしょうか』

　『あの、今、少しよろしいでしょうか』

　『少々よろしいでしょうか』

　『少々お時間をいただけますか』

　『～のことですが、少しお時間いただけますでしょうか』

　『～の件で、おうかがいしたいことがあるのですが』

　『ご相談したいことがあるのですが、本日、少しお時間を作っていただけますでしょうか』

　『ご報告したいことがあるのですが、10分ほどお時間ございますか』

❷ 用件を言う

　『～の件で、ご報告したいことがあるのですが』

　『～について、ご連絡したいことがあるのですが』

　『実は、～のことで、ご相談させていただきたいのですが』

1. 次の文章を読んで、（　　）の中に、正しいものには○を、間違っているものには×を入れてください。

① 報告をするときは、まず結果を先に述べてから、経緯や理由を説明する。　　　　（　　）

② 報告はいいことも悪いことも行う。　　　　　　　　　　　　　　　　　　　　（　　）

③ トラブルがあった場合、すでに解決していたら報告する必要はない。　　　　　（　　）

④ 自分で解決できることは、自分で判断して実行する。　　　　　　　　　　　　（　　）

⑤ 連絡は上司だけにするもので、ほかのメンバーには上司から連絡してもらう。　（　　）

2. 今朝、あなたの乗っていた電車が事故で止まってしまいました。このままでは、始業時間に少し遅れる可能性があります。会社への連絡はいつ、どのようにしますか？　次の①〜④のうち、一番よい方法はどれでしょうか。理由も説明してください。

① 電車が止まった時点で、すぐに会社に電話をする。

② 電車の様子をみて、確実に遅刻するとわかった時点で、電話かメールで上司に連絡する。

③ 電車の中にいるため通話は控え、まず、上司・先輩または同僚に SNS で知らせておく。そのあと、電車から降りてから会社に電話をする。

④ 電車の遅延が原因の遅刻のため、駅で遅延証明書をもらって出勤する。特に、電話をしたりメールをしたりはする必要はない。

解答（　　　　　　　　　　　　　　　　　　　　　　　　　　　　　　　　　　）

理由：

....

....

....

3. 先輩は、「相談してもらうことは大切だが、新入社員が何でもすぐに相談しに来るから、自分の仕事が止まってしまう。だからといって、相談に来るなとは言えないし、どうしたものか」と困っているようです。先輩の悩みを解決する方法を考えてみましょう。

....

....

....

7 職場の写真を見せたかったのですが……
（情報管理）

「自分なら、どう思いますか？　どうしますか？」

　研修が終わり、職場に配属されました。私が配属されたオフィスは、とてもおしゃれな感じです。学生時代の友人や家族にも見せたいので、昼休みの時間に何枚か写真を撮ってSNSにアップしました。もうすぐ昼休みが終わるころ、先輩に呼ばれて、写真を削除するように言われました。先輩は写っているわけではないのに、何が問題だったのでしょうか？

クイズに答えましょう

問題　次の①～③の情報管理をするための行動のうち、それぞれ間違っている部分はどこでしょうか。

① メールマガジンを送るとき、送信先全員のメールアドレスをCCに入れて送った。
・間違っている部分（　　　　　　　　　　　　　　　　　　　　　　　　　　　）
② 重要な書類をメールで送る前に書類にパスワードをかけて、メールの本文にパスワードを記入して送った。
・間違っている部分（　　　　　　　　　　　　　　　　　　　　　　　　　　　）
③ 受け取ったメールの送信者が知らない人だったので、すぐに削除した。
・間違っている部分（　　　　　　　　　　　　　　　　　　　　　　　　　　　）

理解しましょう

1. 情報管理の必要性

インターネットの普及によって、会社は集めた情報を活用することで、大きな利益を得ることができるようになりました。反対に、大切な情報を外部にもらしてしまったため、大きな損害を受けることもあります。このため、会社は、**価値のある情報を適切に管理**することが必要です。

情報の管理の方法には、会社によっていろいろな決まりがありますので、それぞれの会社のルールに従ってください。

2. 個人情報の保護に関する法律

日本では、「個人情報の保護に関する法律（個人情報保護法）」が定められています。個人情報保護法によって、会社での個人情報の取り扱いに関するルールが示されています。❸

まず、**目的もなく個人の住所や電話番号を聞くこと**が**禁止**されています。また、集めた情報を**目的以外に使用するときには、本人の許可**を得なければなりません。そのほかにも、会社は集めた情報を適切に管理しなければならないことが定められています。個人の住所や名前などが書いてある書類を捨てるときも、**シュレッダー**※を使ったり、その部分が見えないように消したりしなければなりません。

3. インターネットのセキュリティ

インターネットは、情報の受け渡しが簡単にできるという便利さがありますが、一方で、情報が盗まれやすいという弱点もあります。そこで、会社では、いろいろなセキュリティ対策を行っています。❸

自分が仕事をするときにも、次のような点に注意しましょう。

■1 重要な書類にはパスワードをかける

メールで重要な書類を送るときは、パスワードをかけるようにしましょう。受信する相手に**パスワードをメールで知らせるときは、必ず別メール**にしてください。

■2 メールアドレスを教え合っていない人たちへのメールにはBCCを使う

メールアドレスを教え合っていない人たちへ同時にメールを送るときには、TOに自分のアドレスを入れ、**相手のメールアドレスはBCCに入れ**て送ります。❸BCCに入れたアドレスは、ほかの人には見えませんが、間違えてTOやCCに入れてしまうと、すべての人にメールアドレスが公開されてしまいます。メールアドレスは大切な個人情報ですので、十分に

❸ 個人情報を正しく取り扱っていることを示すため、マーク（Pマーク、JAPHICマークなど）を取得している会社もあります。

※シュレッダー
文字が読めなくなるように、書類などを細かく切りきざむ機械のことです。

❸ データはクラウドで管理し、パソコンの中やUSBなどには保存しないようにしている会社もあります。会社のルールを確認しましょう。

❸ 送信先の使い方については、第5章第4節で詳しく説明しています。

注意しましょう。

③ 不明なメールは開かない

　送信者のわからないメールや、中身が不明な添付ファイルは、すぐに開かずに周りの人に相談し、誰か知っているか確認しましょう。不明なメールや添付ファイルによって、**ウイルス※に感染する可能性**もあります。

　さらに、会社によっては、メールの本文に個人情報を書かないと決めているところもあります。個人情報の取り扱いは、お客さまからも非常に厳しく見られているので、自分の会社がどのように定めているのかよく確認してください。

　また、席を離れるときには、**パソコンの画面を閉じたり、書類を裏向きにしたりする**ことも大切です。

4. SNS（Social Networking Service）の使い方

　旅行に行ったり、おいしいものを食べたりしたとき、写真を撮ってSNSに投稿している人もたくさんいると思います。日本の会社で働いている様子を、SNSで家族や友人に知らせたいと思う人もいるでしょう。しかし、職場の写真や仕事に関する写真は、基本的にはSNSに投稿してはいけないものです。

　何の問題もない写真と思っても、写真に写った壁のポスターや机の上の書類などから、**会社の重要な情報が外部にもれてしまう**こともあるのです。

　なお、会社の宣伝方法の1つとしてSNSを使うこともあります。宣伝目的の場合も、使用する写真は十分注意して選ぶ必要があります。

5. 仕事の持ち帰り

　仕事がたまってしまい、家で仕事を終わらせたいと思うこともあるでしょう。しかし、**書類やUSBメモリー**などを置き忘れたり、なくしたりしたら、**会社にとって大きな損害**となります。仕事を持ち帰りたい場合は、必ず上司に相談してください。⊗

6. 社外での会話

　同僚と一緒に外出しているとき、移動中に会社の話をすることもあるでしょう。あるいは、社外の友人に会ったとき、今、担当している仕事の話や会社の様子などを話すこともあるかもしれません。しかし、多くの人が利用する電車やレストランなどでは、**誰が話を聞いているかわかりません**。職場の外での会話には、十分に注意しましょう。また、友人であっても、社外の人に会社の秘密情報を話してはいけません。

※**ウイルス**
コンピューターウイルス（computer virus）のことです。感染すると、勝手にパソコンの電源が切れたり、重要なデータが書き換えられたりすることもあります。

⊗ 情報管理と同様に、会社の物（備品）を管理することも重要です。会社の物を持ち帰ることは、盗んだと思われる可能性もあります。会社の物と自分の物は、きちんと区別するようにしましょう。

1. あなたの国から来日したばかりの後輩に、「自分が職場で行うべき情報管理」について必要だと思うことを説明しましょう。

_____

_____

_____

_____

_____

2. 次の①〜③のうち、SNS にアップしてはいけない写真はどれでしょうか。理由も説明してください。

① 会社のビルの前で撮った花の写真
② 会社の自分の席で撮った備品の写真
③ 会社の近くのレストランで食べた昼ごはんの写真

解答（　　　　　　　　　　　　　　　　　　　　　　　　　　　　　　　）

理由：

_____

_____

_____

3. 次の①〜⑤の文章を読んで、（　　）の中に、正しいものには○を、間違っているものには×を入れてください。

① 日本には個人情報の取り扱いに関する法律がある。　　　　　　　　　　（　　　）
② 個人情報には、名前だけでなく、住所や電話番号も含まれる。　　　　　（　　　）
③ 職場の写真は、人の顔が写っていなければ、SNS に投稿しても問題はない。（　　　）
④ 社外で仕事の話をするときは、周りに十分注意する必要がある。　　　　（　　　）
⑤ 会社にはペンがたくさんあるので、1本ぐらいは家へ持ち帰っても問題ない。（　　　）

第2章　ビジネスのルール

8 先輩の外見をほめたのですが……（ハラスメント）

「自分なら、どう思いますか？　どうしますか？」

　今日の先輩は、いつもと少し違います。髪型が変わっていて、洋服の感じもいつもと違います。それで、『今日はおしゃれですね。デートですか』と聞いたところ、ちょっと困った顔をされました。何か悪いことを言ったのでしょうか？

クイズに答えましょう

問題　ハラスメントについて、次の①〜④のうち、正しいものはどれでしょうか。

① わざと相手を不快にさせたのでなければ、相手が不快に感じてもハラスメントにはならない。
② セクシャルハラスメントは、男性が女性に対して行う性的ないやがらせのことである。
③ 自分の態度やことばがハラスメントだと注意されたときは、相手をいやな気持ちにさせてしまったことを謝る。
④ 職場でハラスメントを受けていると感じたときは、周りの人には話さずに1人で解決したほうがいい。

答え（　　　　　　　　　　　　　　　　　　　　　）

理解しましょう

1. ハラスメントの意味

　相手を不快にさせることや、相手が不利になるようなことをすることを、ハラスメント（いやがらせ）といいます。大切なのは、わざと相手を不快にさせたり、相手が不利になるようなことをしたりしているかではなく、**相手が不快・不利だと感じる**ことで、ハラスメントになるということです。ハラスメントの問題は、会社でも重要なことと考えていて、ハラスメントが起こらないよう、研修や教育を行っています。自分も相手にハラスメントをしないことはもちろん、**周りの人からハラスメントを受けることがないよう**、注意が必要です。

2. ハラスメントの種類 ✖

1 セクシャルハラスメント（セクハラ）

　性的なことばや行動で相手を傷つけることです。たとえば、体に触るなどの言動は、明らかなセクシャルハラスメントですが、『短いスカートが似合うね』『彼氏はいるの？』などのことばも、セクシャルハラスメントととらえられる可能性があります。また、『新しいヘアスタイル、いいね』などのように、**相手をほめたつもりのことばも、相手がいやだと思えば、セクシャルハラスメントになってしまう**のです。

　反対に、女性が短いスカートを着用していることに対して、セクシャルハラスメントだと感じる男性もいます。セクシャルハラスメントは、男性が女性に行うものと思われていましたが、**性別は関係なく、被害を受けたと感じられる**可能性があります。

2 パワーハラスメント（パワハラ）

　職場での立場を利用して行われるいじめのことです。たとえば、自分の言うことをきかない部下に低い評価をつけたり、自分が気に入らない部下にはいい仕事を与えなかったりするなどがあります。

3 モラルハラスメント（モラハラ）

　ことばや態度で精神的ないじめやいやがらせをすることです。**精神的暴力**と言われることもあります。2のパワーハラスメントは、職場での上下関係で見られますが、モラルハラスメントは、家族、同僚や友人といった関係でも起こる可能性があります。

　モラルハラスメントでは、話しかけても無視されたり、いつも怒られたりしているうちに、相手が悪いのにもかかわらず自分がダメなんだ、自分に問題があると思ってしまうことも多いようです。

✖ ハラスメントには、次のような種類もあります。

・カスタマーハラスメント：客であることを理由に、コンビニエンスストアやレストランの店員の小さなミスを大きく取り上げ、何度も謝ることを要求したり、支払いを断ったりするものです。

・アルコールハラスメント：お酒が飲めない人に無理に飲ませようとするなど、お酒の席でのいじめのことです。

3. ハラスメントの防止

　いやだという気持ちは人によって違うものです。さらに、国や世代によっても、ずいぶんとらえ方は違うと考えられます。また、相手との関係にもよります。たとえば、親しい同僚から『その服、いいね』と言われればほめられて嬉しいと思っても、嫌いな上司から同じことを言われると、「いつも私の服装をチェックしているのかしら？」といやな気持ちになるかもしれません。ハラスメントが起こらないようにするためには、職場の**人といい人間関係を築いておく**ことも大切といえます。

　もちろん、親しい人であっても、相手を傷つけるようなことは言ってはいけないため、自分のことばには十分注意しましょう。誰かに自分のことばや態度について注意されたときは、**すぐに謝る**ようにしましょう。『悪気はありません』『それは誤解です』などと伝えるよりも、まず、相手をいやな気持ちにさせてしまったことを謝ります。さらに、どのようなことばや態度が相手を傷つけたのか、自分の言動を振り返ってみてください。親しい人に相談して、意見を聞いてみるのもいいでしょう。

　自分の言動に対して、相手がどのような反応をしているのかに注意しましょう。そして、相手がいやがっているとわかったことは、**ハラスメントに発展する前にやめる**ようにしてください。

4. ハラスメントへの対応

　自分がハラスメントを受けていると感じたら、周りの人に相談してください。会社によっては、ハラスメントの相談窓口を用意していることもあります。1人で悩んでいても解決しませんし、さらに悪い状態になる可能性もあります。

　相談をするときは、**いつ、どこで、誰に、どのようなことをされたり言われたりしたのか、また、そのときどのような気持ちになったのか**、相手にきちんと伝えましょう。なお、ハラスメントが続いているときは、メモや音声で記録を残し、記録をもとに相談すると問題に対応しやすくなります。

　ハラスメントは、現在の日本では大きな問題になっていますが、まだ、ハラスメントという考え方が理解できていない人もいます。部下とのよいコミュニケーションのつもりで、『おっ、その服、いいねぇ』『気がきくね。いいお嫁さんになるよ』などと言ってしまうこともあるようです。この場合、相手には悪気はないのですが、自分がこうした発言を不快に思うのであれば、親しい先輩などに相談してみるといいでしょう。相手に直接、『そのことばはセクハラです。やめてください』と言うよりも、いい解決の方法を考えてくれるはずです。

1. あなたの国から来日したばかりの後輩に、「ハラスメント」について説明しましょう。

....
....
....
....
....

2. 次の①〜③のことばは、ハラスメントになる可能性があります。問題がある点に線を引いて
　 ください。問題になる理由も考えて答えましょう。
① 『結婚おめでとう。来年はパパかな？』
理由
....
....

② 『男なんだから、プレゼンテーションのときは、もっと大きな声で話しなさい』
理由
....
....

③ 『今月の営業成績、女性社員にも負けて恥ずかしくないの？』
理由
....
....

3. ハラスメントを起こさないようにするために、ふだん気をつけておくべきことを考えて答え
　 てください。

....
....
....
....
....

第2章　ビジネスのルール

身だしなみ

身だしなみチェックシート

仕事に行く前に、次の注意点を確認しましょう。

項目	項目	は　い	いいえ
髪	フケはありませんか。		
	髪が仕事のじゃまになりそうではありませんか。		
	髪の色は職場にふさわしいですか。		
顔	ひげやうぶ毛の手入れはしてありますか。		
	鼻毛は見えていませんか。		
	目やにはありませんか。		
服	しわはありませんか。		
	ボタンは取れていませんか。		
	靴は汚れていませんか。		
におい	口臭や体臭はありませんか。		
	靴や靴下のにおいはありませんか。		
	香水は強くありませんか。		

※「いいえ」があれば、「はい」にしてから仕事に行きましょう！

香 害

　香害ということばを聞いたことがありますか。消臭剤や芳香剤などの香りがもとで、頭が痛くなったり、気持ちが悪くなったりするような健康被害を受ける人がいます。日本人がにおいを気にするので、においを消すための商品が多く発売されていることで、新しい問題が起きているのです。自分の好きな香水や整髪料（髪型（ヘアスタイル）を整えるために使う化粧品）、または柔軟剤（洗濯のとき、衣類をやわらかく仕上げるために入れるもの）などのにおいも、もしかしたら、香害のもとになっているかもしれません。

第3章

第 **3** 章

社内のマナー

1 話はきちんと聞いていますが……（話を聞くとき）

「自分なら、どう思いますか？　どうしますか？」

　入社したばかりなので、多くの人から仕事を教えてもらっています。ときどき、上司や先輩に、『ねえ、ちゃんと聞いているの？』と言われることがあります。もちろん、聞いているのに、なぜ、こんなことを言われるのかわかりません。私がちゃんと聞いていることが、どうして上司や先輩に伝わらないのでしょうか？

クイズに答えましょう

問題　次の①～⑤のうち、上司や先輩から指示を受けるときの間違った聞き方はどれでしょうか。

① 相手の顔をしっかりと見て話を聞く。
② うなずきながら聞く。
③ 『はい』と言いながら聞く。
④ メモを取りながら聞く。
⑤ 下を向いたまま聞く。

答え（　　　　　　　　　　　　　　　　　　　　　　　　）

理解しましょう

1. 聞いていることの合図

相手に「話を聞いています」という合図として、**相づち**を使います。相づちとは、会話の際に、相手の話に合わせて言う簡単なことばのことで、次のような種類があります。

●相づちの例●

「はい」「ええ」「そうですか」「そうなんですか」「なるほど」

「たしかに」「へえ〜」

相づちは、話を聞いていることだけではなく、話にどのくらい関心があるかを表します。そのため、相づちは、**相手にわかるように打つ**ことが大切です。⊗

1 悪い相づちの打ち方

『はい、はい』『なるほど、なるほど』のように同じことばを2回以上繰り返すと、相手にうるさく聞こえ、不快感を持たれることもあります。また、関心がないように聞こえる「ふ〜ん」といったことばも避けます。なお、「うん」「そうなんだ」「そっかあ」「へえ〜」「なるほど」は目上の人に対して使うのは失礼になります。「なるほど」の代わりに、『おっしゃるとおりですね』『私もそう思います』といった表現を使いましょう。さらに、相づちを打つとき、**相手が話していることばにかぶせない**ようにします。相づちだけでなく、質問をするときも、相手の話の途中ではなく、話の区切りがついたときに発言するようにしましょう。⊗

2 電話での相づち

日本人は、電話中に相手から反応がないと不安になります。このため、相手が話している間に、『はい』『ええ』『そうなんですか』といった相づちを、適度に打つことが大切です。⊗

3 相づちの声

相づちは、声に調子（トーン）を付けないと、関心がないように聞こえる可能性があります。相手の話の内容に合わせて、**声のトーンを上げたり下げたりする**ようにしましょう。たとえば、「そうなんですか」を『そうなんですか⤴』と最後を上げて言うと、関心を持っているという感じがします。しかし、『そうなんですか⤵』と最後を下げて言うと、関心がないという感じがします。

4 相手が話したくなる相づち

次の相づちは、「もっとあなたの話が聞きたいです」という気持ちを伝える効果があります。最初の文字を取って「さ・し・す・そ」の相づちと

⊗ 相づちの打ち方の癖や、聞いているときの表情や動作の癖は、自分では気づかないこともあります。気になるときは注意してもらえるように、周りの人に頼むといいでしょう。

⊗ 質問の仕方は、第3章第2節で詳しく説明しています。

⊗ ただし、英語での電話は、相手が話している間は黙って聞くのがマナーです。

呼ばれます。

- さ『さすがですね』
- し『信じられないです』
- す『すごいですね』『すばらしいですね』
- そ『そういうことなんですね』『そうなんですね』『そうなんですか』
  『そんなことがあったんですね』『そうだったんですか』
  『それで、どうなったんですか？』

　「さ・し・す・そ」の相づちは、相手を嬉しい気持ちにします。ぜひ、使ってみてください。

2. 聞いているときの表情・動作

　話を聞くとき、相手ではない方向を見ていたり、無表情であったりしてはいけません。聞いている合図（相づち）として、表情や動作も使います。たとえば、目を大きく見開くと、相手の話に驚いた、あるいは、相手の話に関心があるという表情になります。また、首を大きく縦に振りながら、あるいは、小刻みに振りながら聞くと、相手に「話をしっかり聞いてくれている」ことが伝わります。

　相づちは、**声に出すだけでなく、表情や動作でも示す**ことも大切です。なお、足や手を組んだ姿勢は、相手に威圧感や拒否感を与えてしまうことがあるため、話を聞くときには避けましょう。

3. 日本語の「はい」の意味

　欧米では、「はい」は「Yes」という意味であり、話の内容を受け入れる・認めるということになります。「Yes」が取り引きの結論を示すことにもなるため、「はい（Yes）」を多用することはありません。

　一方、日本語の「はい」は「Yes」の意味だけではなく、**「話を聞いています」という相づちの表現**にもなります。日本語では、話を聞いているときの相づちとして、「はい」を多用してください。

COLUMN

日本語の 「うん」 の意味

　中国の学生は、相づちを打つときに、よく『うん』と言います。中国語では普通のことで、目上の人に対しても失礼ではありません。しかし、日本語では、目下の人が目上の人に『うん』と言うと、なれなれしく感じたり、失礼に感じたりします。このため、「うん」ではなく「はい」を使うようにしましょう。

1. 次の同期入社の同僚との会話について、（　　　　　）の中に、適切な文を入れてください。

田中：『おはよう！』

木村：『おはよう！　週末、日光に紅葉を見に行ってきたよ』

田中：『① （　　　　　　　　　　　　　　　　　　　　　　　　　　　　　　　　　）』

木村：『ただ、天気があまりよくなくて、せっかくの山の紅葉もあまりよく見えなかったんだ』

田中：『② （　　　　　　　　　　　　　　　　　　　　　　　　　　　　　　　　　）』

木村：『でも、神社や美術館に行けたから、よかったよ』

田中：『③ （　　　　　　　　　　　　　　　　　　　　　　　　　　　　　　　　　）』

第3章　社内のマナー

2. 次の井上さんと小川課長との会話について、（　　　　　）の中に、適切な文を入れてください。

小川：『井上さん、おはよう』

井上：『課長、おはようございます』

小川：『今日の午後の予定についてなんだけど、時間あるかな』

井上：『① （　　　　　　　　　　　　　　　　　　　　　　　　　　　　　　　　　）』

小川：『明日の企画会議で、新しい店舗を海外に出す件を提案してみたいと思っているんだけど』

井上：『② （　　　　　　　　　　　　　　　　　　　　　　　　　　　　　　　　　）』

小川：『どんな効果があるかを分析した資料が必要だと思うんだよ』

井上：『③ （　　　　　　　　　　　　　　　　　　　　　　　　　　　　　　　　　）』

小川：『そこで、井上さんに調査してもらいたいんだけど、お願いできるかな』

井上：『④ （　　　　　　　　　　　　　　　　　　）。早速、午後から取りかかります』

小川：『よろしく頼みます』

3. 次の取引先との会話について、（　　　　　）の中に、適切な文を入れてください。

さくら商事の田中：『実は、お知らせがあるのですが』

ふじ物産の山田　：『① （　　　　　　　　　　　　　　　　　　　　　　　　　）』

さくら商事の田中：『このたび、弊社で新しい商品の開発をしたのですが』

ふじ物産の山田　：『② （　　　　　　　　　　　　　　　　　　　　　　　　　）』

さくら商事の田中：『その新しい商品の展示会を予定しておりまして』

ふじ物産の山田　：『③ （　　　　　　　　　　　　　　　　　　　　　　　　　）』

さくら商事の田中：『ただ、急なお知らせなので、みなさまのご都合はいかがかと心配に思いまして』

ふじ物産の山田　：『④ （　　　　　　　　　　　　　　　　　　　　　　　　　）』

さくら商事の田中：『御社にも、ぜひご出席いただきたいと思っているのですが』

ふじ物産の山田　：『⑤ （　　　　　　　　　　　　　　　　　　　　　　　　　）』

さくら商事の田中：『日程が決まりましたら、改めて招待状をお送りいたします』

ふじ物産の山田　：『⑥ （　　　　　　　　　　　　　　　　　　　　　　　　　）』

2 内容を忘れることはありませんが……（指示を受けるとき）

「自分なら、どう思いますか？　どうしますか？」

今日、先輩から『メモぐらい取ったら？』と言われました。私は、記憶力には自信があり、メモなんて取らなくても指示はちゃんと理解できています。そういえば、同僚は話を聞いているとき、手帳に何か書いています。簡単なことでも、メモを取る必要があるのでしょうか？

クイズに答えましょう

問題　仕事中に上司に呼ばれました。次の①～④のうち、正しい対応はどれでしょうか。

① 自分の仕事が忙しいなら、上司に呼ばれても行く必要はない。
② 仕事中に上司に呼ばれたら、どんなに忙しくても手を止めて上司のところに行く。
③ 自分の仕事が忙しいなら、自分の代わりに近くにいる同僚に行ってもらう。
④ 自分の仕事が終わってから、上司のところに行く。

答え（　　　　　　　　　　　　　　　　　　　　　　　　）

理解しましょう

1. 指示の受け方

仕事中に呼ばれたら、**すぐに立ち上がって、呼んだ人のところに向かう**ようにします。✖ その際、手帳とボールペンなど、相手の指示をメモできるものを持っていきます。

2. 指示の確認の仕方

指示の内容は、相手のことばを**復唱して確認**します。指示の内容がわからない場合は、**理解できるまで聞き直す**ことが大切です。相手のことばが難しい場合は、自分のことばで言い換えて聞くなどして、理解できるまで確認します。

日本人が当たり前と思うことが、自分の国での感覚とは違うこともあります。あいまいな表現は、**具体的な数字など**できちんと**確認**しないと、間違えて理解してしまう可能性もあります。

たとえば、『今日中に』と言われた場合、今日の就業時間中なのか、今日が終わる23時59分までなのか、人によって意味が異なる場合があります。話し手と聞き手で理解を合わせるために、『今日中とのことですが、今日の何時までにでき上がっていればいいですか？』などと聞き返し、具体的に確認するよう心がけましょう。

3. 指示への対応

基本的に、上司からの指示を断ることはできません。もしも、急ぎの仕事を指示されても、現在、進めている仕事がより急ぎのものである場合は、次のように対応します。

■1 指示を理解したことを示す
■2 ただし、急ぎの仕事があるという状況を説明する
■3 いつなら取りかかることが可能かを明示する
■4 改めて、２つの仕事のどちらを先にしたらよいかを確認する

4. あいまいな指示への対応

『コピーしておいてください』『明日までに提出するように』などは、文の最後から、はっきりと指示だとわかります。しかし、日本語では、指示だとわかりにくい表現もありますので、注意しましょう。たとえば、次のような表現です。

（例１）『これ、もう少し注文を追加してもらえると助かるんだけどなあ』

✖ 職場での行動は、いつも周りから見られています。見られていることを意識し、席を立つときや歩くときの姿勢にも注意しましょう。

85

「注文を追加することを期待している」のであり、注文の追加の指示でもあります。

（例２）『この書類、このままだとわかりにくいから、整理すれば見やすいよね』

「書類を整理してほしい」ということであり、書類の整理の指示でもあります。

（例３）『この部屋、ちょっと暑くないかな？』

「部屋の温度を下げることを期待している」のであり、エアコンをつける、窓を開けるといった対応の指示でもあります。

以上の例のようなあいまいな指示を受けたとき、どのような反応をすればよいかわからない場合は、『それでは、（私が）……しましょうか』と提案することで、相手の求めていることを確認できます。

COLUMN

「察する」文化

日本には、「察する」文化があります。察するとは、相手が何を言いたいのか、何を考えているのかを、相手の立場になって推測することです。その場の雰囲気や状況を判断するという、「空気を読む」にも関連します。

付き合いが長く、指示をしたり受けたりすることに慣れていれば、細かいことまで確認し合わないこともあります。しかし、近年は、さまざまな文化を持った人が同じ職場で働いています。現在の国際化社会では、「察する」という理解の仕方は、間違いが起きる可能性もあります。このため、**誤解が起きようがないほど細かく指示をしたり受けたりすることが必要**といえます。

1. 課長から呼ばれて、次の指示を受けました。

課長：『来週木曜日の午後、ABC物産の山田課長と川口さんが来社されるそうだから、例の件、
　　　　資料の準備と会議室の手配を頼んだよ』

①課長の指示について、確認すべきことは何でしょうか。また、どのように聞き返したらよい
　でしょうか。考えて答えてください。

A：確認すべきこと ....

....

....

....

B：聞き返し方 ....

『...

....

....』

②このあと、指示に対してどのように対応しますか。次のA〜Eについて、対応する順番に
　（　　　　　　）の中に入れてください。

（　　　　　　）⇒（　　　　　　）⇒（　　　　　　）⇒（　　　　　　）⇒（　　　　　　）

A：資料作成　　　　B：会議室の手配　　　C：資料のコピー
D：お茶の手配　　　E：資料の確認（課長の確認）

2. 次の会話の（　　　　　　）の中に、適切なことばを入れてください。

課長：『今ちょっといいかな。』

自分：『はい、課長、①（　　　　　　　　　　　　　　　　　　　　　　　　　　　　　）』

課長：『うん。実は、明後日急な出張が入って、この書類を明日までに仕上げてもらいたいんだよ』

自分：『②（　　　　　　　　　　　　　　）。いつまでにお渡しすればよろしいでしょうか？』

課長：『なるはやで』

自分：『③（　　　　　　　）とは、具体的に④（　　　　　　　　　　　　　　　　　　　）』

課長：『そうだなあ、明日午後一で目を通したいから、昼休み前までにもらえるかな？』

自分：『⑤（　　　　　　　　　　　　　　　　　　　　　　　　　　　　　　　　　　　）』

課長：『じゃあ、よろしく』

自分：『⑥（　　　　　　　　　　　　　　　　　　　　　　　　　　　　　　　　　　　）』

3　自分は悪くないのですが……
（注意を受けたとき）

「自分なら、どう思いますか?　どうしますか?」

　先日、お客さまから「注文と違うものが届いた」という電話がありました。私は、『工場の者が間違えたのかもしれません。調べて連絡します』と答えました。工場に確認したところ、やはり、工場の出荷ミスでした。すぐに、正しい品を送るように指示をし、お客さまにはそのように連絡しました。

　電話のあと、上司に報告したところ、上司は、一緒にお客さまに謝罪しに行くように言いました。私のミスではないのに、なぜ、謝罪しなければならないのでしょうか?

クイズに答えましょう

問題　次の①～⑥のうち、日本語の「すみません」と同じ意味になるものはどれでしょうか。正しいものをすべて選んでください。

① ありがとう

② あの

③ ちょっと……

④ 申し訳ございません

⑤ ごめん

⑥ お願いします

答え（　　　　　　　　　　　　　　　　　　　　　　　　　）

理解しましょう

1. 日本人にとっての謝罪の意味

　注意を受けたとき、日本では、まず謝ることが大切です。謝罪には、「申し訳ございません」「すみません」「ごめんなさい」などのことばがあります。ただし、謝罪のことばの意味は、自分がミスをしたことを認めるということだけではありません。**今の状況や事態について、相手に対して申し訳ないという気持ちを表す**意味でも使われます。

　注意を受けたときには、まず、謝罪のことばを述べ、相手の感情を落ち着かせます。次に、状況について説明をします。日本人は、**まず、謝罪のことばを期待している**ため、先に状況の説明を始めると、相手の怒りを増加させることになります。

　また、状況を説明するときは、「しかし」「ですが」といったことばは**言い訳に聞こえる**ため、使わないようにしましょう。

●注意を受けたときの会話の流れ●

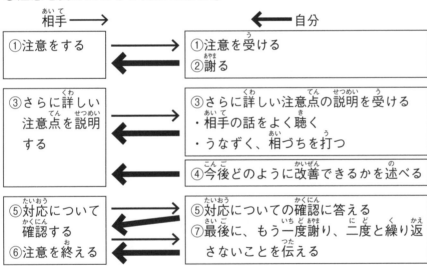

　また、注意を受けるときは、**相手の話を「聴く」**ことが必要です。聴くは、「聞く」とは違い、耳を傾けて相手の言っていることを聞き逃さないように「きく」という意味です。つまり、聴くと聞くは、**意識の違い**によって使い分けられています。

【聞く】

　「物音を聞く」「話し声が聞こえる」のように、音や声などが自然に耳に入ってくる。

【聴く】

　「音楽を聴く」「お客さまの意見を聴く」のように、積極的に耳に入れ

ようとする。

2. 注意を受けるときの態度

　注意を受けるときは、相手の顔を見てきちんと聞いていることを示します。話を聞いている間、首を縦に振りながら、相手のことばに相づちを打ちましょう。

　次に、謝罪をするときは、手を前で組み合わせて少し頭を下げ、視線を下に落として申し訳ない気持ちを示すことが必要です。反省している態度に見えないと、相手の怒りを増加させることになりかねません。

COLUMN

「すみません」の意味

　「すみません」ということばは、とても便利です。このことばを知っていれば、人を呼ぶときにも、お礼を伝えるときにも、謝るときにも、誰かの注意を引くときにも使うことができます。たとえば、電車の中で席を譲ってもらった年配の人が、『すみません』と言うとき、これは「謝罪」というよりも「感謝」の意味です。つまり、「すみません」を「ありがとう」の意味で使っています。日本人は、「すみません」をいろいろな場面で、次のような意味で使います。

１ 謝るとき
　（例）『遅れてすみません、目覚まし時計が鳴らなくて……』

２ お礼を言うとき
　（例）電車の中で席を譲られて『すみません』

３ 呼びかけるとき
　（例）レストランの中で『すみません、注文お願いします』

４ 注意を引くとき
　（例）道を歩いているとき『あの、すみません、何か落としましたよ』

５ 何かをお願いするとき
　（例）『山田さん、すみませんが、これコピーしてもらえる？』

　すみませんは、「済まない」からできたことばで、「どれほどおわびしても私の気が済まない」という謝罪の意味が強かったようです。現在では、「有り難い（なかなかあることではない）」という感謝の意味にも使われるようになりました。「すみません」はいろいろな場面で使うことができる便利なことばですが、仕事の場面で謝罪するときは、『すみません』ではなく『申し訳ありません』を使うようにしましょう。

1. お客さまと店員との次の会話について、①〜⑤（　　）の中に、A〜Eのうち適切なことば
を入れてください。

お客さま　➡　　　　　　　　　　　　　　　⬅　店員

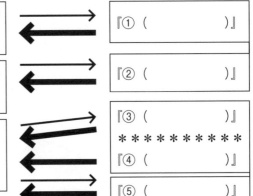

『頼んだのはチキン定食だけど。これ、ポーク定食で
しょう?』

『① （　　　　　　　）』

『あなたが機械に打ち込むときに、間違えたんじゃな
いの?　私はチキンとちゃんと言ったんだから』

『② （　　　　　　　）』

『どのくらい、時間がかかるの?』
＊＊＊＊＊＊＊＊＊＊＊＊＊＊＊＊
『わかった。できるだけ、急いで』

『③ （　　　　　　　）』
＊＊＊＊＊＊＊＊＊
『④ （　　　　　　　）』

『⑤ （　　　　　　　）』

A：10分から15分ほどお時間がかかるようです
B：すぐに、チキン定食をお持ちいたします
C：誠に申し訳ございません
D：お待たせして、大変申し訳ございません。また、このたびはご迷惑をおかけしまして、本
　　当に申し訳ございませんでした
E：少々お待ちください。ただ今、確認して参ります

2. 取引先と担当者との次の電話について、①〜⑤（　　）の中に、A〜Eのうち適切なことば
を入れてください。

取引先　➡　　　　　　　　　　　　　　　⬅　担当者

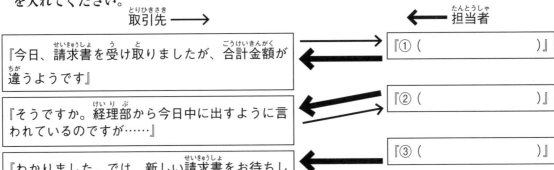

『今日、請求書を受け取りましたが、合計金額が
違うようです』

『① （　　　　　　　　）』

『そうですか。経理部から今日中に出すように言
われているのですが……』

『② （　　　　　　　　）』

『わかりました。では、新しい請求書をお待ちし
ております』
＊＊＊＊＊＊＊＊＊＊＊＊＊＊
『では、よろしくお願いします』

『③ （　　　　　　　　）』
『④ （　　　　　　　　）』
『⑤ （　　　　　　　　）』

A：至急、新しい請求書を作成してお送りいたします
B：それは、大変申し訳ございません。すぐに確認しますので、少々お待ちいただけますでしょうか
C：今後、このような間違いが起きないように社内での確認を強化いたします
D：今、確認したところ、たしかに合計金額が間違っておりました
E：このたびは、ご迷惑をおかけして本当に申し訳ありませんでした

4 友人と食事に行きましたが……（退社時のマナー）

「自分なら、どう思いますか？　どうしますか？」

　私の会社は、17時30分が退社時間です。それなのに、17時30分になっても、いつも誰も帰ろうとしません。今日、私は友だちと食事の約束があったので、17時30分に『お疲れ様でした』と言って、会社を出ました。食事のとき、友だちに、17時30分になっても誰も帰らないことを話すと、『1人だけ先に帰っても大丈夫だった？　周りの人は、忙しそうだったんだよね』と言われました。友だちは、何を心配しているのでしょうか？

クイズに答えましょう

問題　退社時間（定時）になりましたが、まだ、ほかの人たちは仕事を続けていて、帰る様子が
　　　見られません。自分の仕事は終わったので、帰りたいとき、次の①〜⑤のうち正しい言動
　　　はどれでしょうか。正しいものをすべて選んでください。

① 近くの人に『お先に失礼します』と言って帰る。
② 上司に『私の仕事は終わったので、帰ってもいいですか』と聞く。
③ ほかの人のじゃまにならないように、黙って帰る。
④ 自分だけ定時で帰るのは悪いので、することはなくても座ったまま周りの様子をみる。
⑤ 同僚に、『何かお手伝いしましょうか？』と声をかける。

答え（　　　　　　　　　　　　　　　　　　　　　　　　　　　　　）

理解しましょう

1. 退社する時間

退社時間（定時）は過ぎていて、自分の仕事も終わっていても、ほかの人がまだ仕事をしていることはよくあります。ほかの人が残っているため帰ると言いにくいと思っても、黙って帰ってはいけません。『すみませんが、お先に失礼します』『お疲れ様でした』と声をかけて退社するようにしましょう。

なお、残業は、会社がその分の給料を支払うことになりますので、仕事がないのに**会社に残っていることは、かえって迷惑**になる可能性もあります。✪

2. 退社するときのあいさつ

自分の仕事が終わっているのであれば、1.で述べたように、周りの人にあいさつをして、すみやかに退社しましょう。

場合によっては、『何か手伝いましょうか』などと、**手伝いを申し出ると、周りの人の役に立てる**こともあります。たとえば、会議の準備で資料をコピーする、資料をファイルしておくなど、簡単に手伝えるような業務であれば、進んで声をかけるとよいでしょう。

一方、技術的な仕事など、担当者にしかできないこともあります。そのような場合は、『遅くまで大変ですね。お疲れ様です』といった、相手を気づかうことばをかけるとよいでしょう。**自分が先に帰ることを申し訳なく思っているという気持ちを伝える**ことができます。

3. 残業の判断

特に新人の場合は、職場の仕事の様子がわからず、自分だけ先に帰ってもいいのか判断がつかないこともあるでしょう。判断ができない場合は、上司に『何かやることはありますか』などと、ほかに仕事がないか聞いてみましょう。あるいは、『お先に失礼してもよろしいでしょうか』と確認してから退社するのもいいでしょう。✪

4. 退社時の業務

退社前には、翌日の仕事の確認をしておきましょう。翌日の1日の自分の仕事の流れを確認し、たとえば、会議がある場合は準備をしておくことが必要です。また、外出するなどの予定がある場合は、自分の外出予定をほかの人に共有しておく必要があります。共有の仕方については、決めら

✪ 残業のルールについては第2章第2節で詳しく説明しています。

✪ 現在、日本では、労働時間の短縮が政府の大きな目標となっています（働き方改革）。このため、意味もなく残業するようには指示されないといえます。働き方改革については、第2章第2節コラム「働き方改革」で詳しく説明しています。

れた場所に記入しておくなど、会社ごとに異なりますので、ルールを確認しておきましょう。また、退社時には、上司への報告、周りの同僚への声がけを忘れずにしましょう。特に、仕事が終わっていなくても、どうしても定時に帰る必要がある場合には、残った仕事をいつどのように処理するかを上司に相談したり、了解を得たりしましょう。

●どうしても帰る必要がある場合の会話例●

自分：『課長、大変申し訳ありません。まだ、会議の資料が完成していないのですが、本日はこのあと、病院に母の見舞いに行く予定があるため、定時で失礼させていただけませんでしょうか』

課長：『そうか、それは大変だね』

自分：『会議の資料につきましては、明日、30分早く出社して対応したいのですが、よろしいでしょうか』

課長：『会議は午後からだよね。私も手伝えるから、早く出社する必要はないよ』

自分：『ありがとうございます。それでは、お先に失礼いたします』

課長：『お母さん、お大事にね』

COLUMN

入院している人へのお見舞い

生花は、お見舞いとしてよく選ばれるものですが、病院に持っていくときには、どの花を選んでもいいわけではありません。たとえば、次の花は避けるべきといわれています。

①香りの強い花

同じ病室の人が、強い香りをいやがるかもしれないため、避けるようにします。

②植木鉢の花

根が付いていることで、「根付く」が「寝付く」と同じ音になり、病院に長く寝付くことを連想させるため、お見舞いにふさわしくありません。

③バラ

濃い赤色のバラは、色が血液を連想させたり、とげが人を傷つけたりする可能性があるため、お見舞いとしてはふさわしくありません。

④シクラメン

シクが「四九」と同じ音になるため、縁起が悪いとされています。日本では、四は死を、九は苦を連想させることがあります。

花は病気の人を元気づける贈り物だと考えられますが、病院によっては、生花を持ち込むのを禁止しているところもあります。お見舞いに行く前に、持っていっても問題ないかを確認しておくといいでしょう。

1. 自分の仕事は定時に終わり、今夜は友人と約束があるため、すぐに帰りたいと思っています。しかし、同僚が明日の会議の資料の準備のために忙しそうにしています。30分ぐらいなら手伝えそうですが、それ以上の時間になると約束に間に合わなくなります。どのように対応したらよいか、考えて答えてください。

....

....

....

....

2. 次の①〜④の会話について、『　　　』の中に適切なことばを入れてください。
① 定時になり、退社する

　自分：『...』
　同僚：『お疲れ様でした』
② 同僚の山田さんが定時になっても帰らないため、帰らない理由を聞く

　自分：『...』
　同僚：『ええ、明日の会議の資料作成を課長に頼まれたので、それが終わるまでは帰れないんです』
③ 同僚の山田さんに気づかうことばをかけて、手伝いを申し出る

　自分：『...』
　同僚：『ありがとうございます。でも、あと少しですから大丈夫です』
④ 同僚の山田さんのことばを受け止め、退社のあいさつをする

　自分：『...』
　同僚：『お疲れ様でした』

3. 今日は定時に退社する必要がありますが、まだ仕事が終わっていません。（　　　）の中に適切なことばを入れてください。
　自分：『課長、申し訳ありませんが、本日は①（　　　　　　　　　　　　　　　　　　）。
　　　　　それで、②（　　　　　　　　　　　　　　　　　　　　　　　　　）』
　課長：『そうか。いいですよ。お疲れ様でした』

95

5 同僚の家族に不幸がありましたが……
（葬儀のマナー）

「自分なら、どう思いますか？　どうしますか？」

　今日、同僚の家族に不幸があったと聞きました。同僚の家族の不幸なので、別の同僚から『お通夜には行ったほうがいいよ』といわれ、一緒に行くことになりました。

　同僚は仕事のあとに行くと言いますが、日本のお通夜というものは初めてなので、どうしたらいいかわかりません。服はいつもと同じですし、何も用意していません。それより、お通夜に行ったら何をしたらいいのでしょうか？

クイズに答えましょう

問題　次の①〜⑤の文のうち、日本の葬儀のマナーについて、正しい対応はどれでしょうか。正しいものをすべて選んでください。

① 葬式は、黒い服を着て行ったほうがよい。
② 通夜には行かなければならない。
③ 葬式で食事をすすめられても断ったほうがよい。
④ 通夜や葬式では、決まった封筒にお金を入れて持っていく習慣がある。
⑤ 「香典」として入れるお金は新札が好ましい。

答え（　　　　　　　　　　　　　　　　　　　　　　　　　　　　　　　）

理解しましょう

1. 通夜への参加

　日本では、人の死への悲しみを表現するため、『○○さんが亡くなった』『△△さん（亡くなった人の家族）に不幸があった』という言い方をします。

　通夜とは、誰かが亡くなった翌日に行われる儀式（セレモニー）の1つです。通夜は、服装の準備などが十分にできていなくても、**「急いでかけつける」という気持ち**が大切です。しかし、できるだけ地味な服装で、派手なアクセサリーなどは身につけないようにします。

　香典※は同僚の家族であれば、3,000～5,000円が一般的です。お金は、**新札は避ける**という点が、ほかの儀式との大きな違いです。❽ 香典袋は街中や駅のコンビニエンスストアで買うことができます。コンビニエンスストアで黒いネクタイも売っていますので、その日つけているネクタイが派手な柄であれば、買ってつけ替えて行くこともできます。

　受付では、『このたびは、**ご愁傷様**※です』『心より**お悔やみ**※を申し上げます』と言いながら香典を渡します。ただし、ことばを最後まで述べなくても、悲しい気持ち、残念に思う気持ちは伝わります。うまく発話する自信がなければ、『このたびは……』のように、最後は小さな声で、はっきり言わずに、頭を下げるだけでもいいでしょう。なお、記帳するノート（芳名帳）がありますので、名前や住所などを書きます。取り急ぎ、自分の会社の名刺を渡すこともあります。

2. 通夜・葬式の流れ

　通夜、葬式と、通常は2回行われます。両方参加することが望ましいですが、どちらか1日参列するだけでも十分です。**相手との関係性を考慮して出席する**ようにするといいでしょう。

　受付で、お悔やみを述べながら香典を渡したあと、式場の中に案内されます。椅子がたくさん並んでいますので、着席します。亡くなった人との関係が深い人が前になるよう、後ろのほうに座るとよいでしょう。

　仏式の場合、しばらくは**お経**※を聞いたり、**喪主**※のあいさつを聞いたりします。そのあと、焼香をするように促されます。焼香は前から順番に行いますので、やり方がわからなければ、前の人がどのようにするかを観察し、自分の番が来たら、まねをすればよいでしょう。

　なお、基本的な焼香の手順は、次のとおりです。
①自分の番になったら、前に進み、**遺族**※に一礼する

※**香典**
儀式で花などの代わりに供えるお金のことです。「不祝儀」という言い方をします。同僚や上司の場合は、5,000～10,000円程度が一般的です。ただし、自分の年齢によっても金額は異なります。年齢が上がるにしたがって、金額も上がっていきます。

❽ **新札**とは、真っ直ぐできれいな新しいお札のことです。通常、銀行で新札に替えることができます。お祝いごとでは、一般的に、心を込めてゆっくり準備をしたという意味で新札を使いますが、不幸の場合は、「突然のため、ひとまず気持ちだけ」という意味で、新札を避けることが一般的です。

※**ご愁傷様**
「あなたの悲しさ、苦しさがわかります。とても残念なことです」など、相手を気の毒に思う気持ちや、大切な人が亡くなって

残念ですという気持ちが込められたことばです。

※お悔やみ
人の死を悲しんだり、惜しんだりすることです。

※お経
仏教の儀式で、僧侶が亡くなった人のために読むことばや文章のことです。

※喪主
亡くなった人の身内の代表者で、葬儀全体を取りしきる人のことです。

※遺族
亡くなった人の家族のことです。

※供養
亡くなった人のために、食べ物を供えたり、線香をあげたりすることです。

②数珠を持っていたら、基本的には左手に数珠をかけて、右手で焼香を行う
③焼香台の前で、まず一礼をし、右手で抹香をつまみ、目の高さまで持ち上げて、そのあと、指をこすりながら香炉の中に落とす
④上記③の動作を3回程度繰り返す
⑤正面に一礼し、遺族にも一礼し、自分の席に戻る

●焼香の動作●

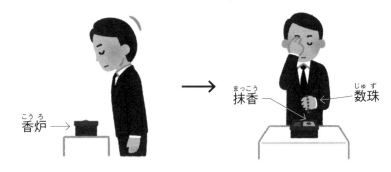

香炉 →

抹香　数珠

3. 通夜・葬式で出される食事

　焼香が終わると、そのまま食事をする会場へ行くように促されます。促された場合は遠慮をせずに、少しの時間でも座って、食事をしながら周りの人や亡くなった人（故人）の家族と話をしてください。**食事と会話が、故人への何よりの供養※**になります。もちろん、長く滞在する必要はなく、少し座って食事をしたら、ほかの人より先に退出しても問題ありません。

4. 通夜・葬式の手伝い

　もしも、親しい人の大切な家族に不幸があったら、葬儀のマナーだけではなく、**親しい人の力になれること**を考えてみてください。残された家族にとって、葬儀を行うことは大変あわただしく、忙しいものです。泣いている暇もないとよくいわれます。

　葬儀は、受付の手伝いを身内以外の人に依頼することもよくあります。特に、職場の人が手伝うことが多いようです。自分の同僚に不幸があったときには、『受付を手伝いましょうか』と声をかけたり、同僚の助けになることを考えたりしましょう。

5. 家族葬

　近年、葬儀を家族のみで行う家族葬が増えています。そのため、葬儀に参列する機会が少なくなりました。しかし、直接訪問できなくても、**お悔やみは伝えましょう**。花など供え物を送る場合は、葬儀場などに確認をしてから手配するほうがいいでしょう。

1. あなたの国から来日したばかりの後輩に、会社の同僚の家族に不幸があり、葬儀に参列することになった場合について、次のことばを使って説明しましょう。

通夜　　服装　　派手　　地味　　香典　　お金　　〜円程度　　コンビニエンスストア

....

....

....

....

2. あなたの国から来日したばかりの後輩に、通夜や葬式の受付で行う順番を説明しましょう。

....

....

....

....

....

3. 次の①〜③の（　　）の中に、正しいものには○を、間違っているものには×を入れてください。

① 葬儀は亡くなった人だけでなく、その遺族の人をなぐさめるためのものでもある。　　（　　）
② 通夜や葬式で出される食事は、残さずにすべて食べるのがマナーである。　　　　　（　　）
③ 焼香は、香炉に抹香をできるだけ多く入れるようにする。　　　　　　　　　　　（　　）

第3章

社内のマナー

6 職場でチョコレートを渡す人を見ますが……
（贈答のマナー）

「自分なら、どう思いますか？　どうしますか？」

　２月14日はバレンタインデーですが、日本では、チョコレートをいろいろな人にプレゼントすると聞きました。それも、女性から男性になんですよね？　私も、チョコレートをプレゼントしなくてはいけませんか？　私の国とは反対です。私の国では、男性が女性にプレゼントします。それに、３月14日はホワイトデーというそうで、チョコレートをあげた人たちが、お返しに何かプレゼントしてくれるんですよね？　そのお返しを期待している人もいると聞きましたが、何か変じゃないですか？

クイズに答えましょう

問題　次の①〜③の文のうち、正しいものはどれでしょうか。

① バレンタインデーには、女性は男性にチョコレートをプレゼントしなければならない。
② バレンタインデーにチョコレートをもらった人は、３月14日のホワイトデーにお返しをしなければならない。
③ バレンタインデーに対するホワイトデーは、日本独特の贈答文化である。

答え（　　　　　　　　　　　　　　　　　　　　　　　　　　）

理解しましょう

1. 贈答の文化

日本では1年を通して多くの贈り物が見られます。そして、たいてい「お返し」をします。このように、物を人に贈ることとお返しをすることが、贈答の文化です。❀

●おもな贈り物の例●

名　前	時　期	内　容
お年賀	1月初旬	・家庭ではお菓子やお茶（新茶）を、会社ではタオルやカレンダーを贈ることが多い。 ・1月1日（元旦）～3日（三が日）に直接訪問し、新年のあいさつを交わした際に渡す。会社は、三が日まで休みのところが多いため、7日まで（松の内）に贈ることが多い。
お年玉	1月初旬	大人が子どもに、お年玉用の袋にお金を入れて直接渡す。
成人式	1月第二月曜日	日本各地で、地方独自の成人式が行われる。
バレンタインデー	2月14日	女性から男性にチョコレートなどを贈る。
ホワイトデー	3月14日	・男性から女性にバレンタインデーのお返しをする。 ・お菓子を贈ることが多い。
卒業祝い	3月	・お金や物を贈る。 ・小学校、中学校、高等学校は、通常、3月に卒業式が行われる。大学は、3月だけでなく、9月に行われることもある。
入学祝い・入社祝い	4月初旬・9月初旬	・お金や物を贈る。 ・小学校、中学校、高等学校は、通常、4月初旬に入学式が行われる。大学は、4月だけでなく、9月に行われることもある。 大学新卒者の入社式は、4月に行われる。
お中元	6月～7月	・食品などをデパートなどから配送して贈ることが多い。
お歳暮	12月中旬	・お世話になっている人へのあいさつやお礼として行われる。

2. お返しの文化

赤ちゃんが生まれたときにするお祝いを、**出産祝い**といいます。出産祝いをもらった人は、お返しに**内祝い**を贈ります。内祝いは、だいたいもらった出産祝いの半分くらいの金額の物を贈ります。結婚式や入学式などでお祝いをもらったときも、お返しに内祝いを贈ることが多くあります。

また、入院している人には**お見舞い**を贈ります。お見舞いをもらった人は、退院後、お返しに**快気祝い**を贈ります。快気祝いは、「病気がよくな

❀ 目上の人へなどの改まった贈答では、「のし紙」というものを付けることがあります。贈り物の内容を示す「御歳暮」「内祝」などのことばが書かれていたり、内容に応じて「のし」「水引」が添えられたりします。「心ばかり」「ほんの気持ちです」といった、たいしたものではないけれども、感謝の気持ちを形にしたいというときに使われます。

●のし紙の例●

贈り物の内容
↓

↑　　　　　↑
水引　　　のし

※<ruby>香典<rt>こうでん</rt></ruby>
第3章第5節で詳しく説明しています。

りました」と知らせる意味もあります。

　そして、葬式で香典※を持参すると、式場から帰るときなどに、お返しに香典返しを贈られます。

●贈り物とお返しの例●

贈り物	お返し	内　容
入学祝い・結婚祝い	内祝い	・お菓子、タオル、食器などを贈ることが多い。 ・「半返し」と呼ばれ、実際にもらった贈り物の半分または3分の1くらいの金額のものを返すとよい。 ・感謝の気持ちを伝える手紙を添えることが大切である。⊗
香典	香典返し	・お茶、タオルなどを贈ることが多い。 ・「半返し」と呼ばれ、実際にもらった贈り物の半分または3分の1くらいの金額のものを返すとよい。 ・通夜・葬儀に来てくれた人には、全員に同じものを渡す。

⊗「このたびは、大学入学にあたり、大変使いやすい手帳を贈ってくださってありがとうございます」などと、お礼の気持ちを手紙で表します。

　上の表のように、日本では贈り物をもらったとき、お返しをする習慣があります。お返しは、感謝の気持ちを表す意味もありますが、日本人の気持ちの中には、相手から何かをもらったとき、「ありがたい」と思うと同時に、**相手に負担をかけたことを申し訳なく感じる**という思いもあります。お返しは、申し訳ない気持ちを軽くする意味もあるといえます。

　なお、入学祝いや結婚祝いなどの祝いごとの場合と、身内が亡くなるなどの不幸があった場合とでは、お返しの種類や仕方に違いがあります。

3. 土産の文化

　日本人には、休暇中に旅行をしたら、周りの人への土産は忘れずに買ってくるという人が多いものです。特に、職場で有給休暇を取って旅行してきたら、留守中に自分の仕事を代わってくれた同僚や、有給休暇を取る許可をしてくれた上司に対して、**「お休み中はありがとうございました」というお礼の意味**で土産を買ってくることが多く見られます。

　しかし、職場の人への土産は、義務ではなく、気持ちの問題です。決して高いものでなくてもよく、**感謝の気持ちを表す**ことが大切です。

1. あなたの国から来日したばかりの後輩から、「バレンタインデーに複数の女性の同僚からプレゼントをもらったが、どうしたらよいか」という相談を受けました。後輩にアドバイスしましょう。

....

....

....

....

2. いつも食事をごちそうしてくれる上司には、どのようなお返しの方法があるか考えて答えてください。

....

....

....

....

....

3. 次の①〜⑤の（   ）の中に、正しいものには○を、間違っているものには×を入れてください。

① 日本では、贈り物をもらったら、必ずお返しをしなければならない。 （   ）
② 出産祝いを贈ったときにお返しに贈るのは、内祝いである。 （   ）
③ お返しする贈り物は、もらった贈り物と同じ金額の物でなくてはならない。 （   ）
④ 香典は葬儀で渡す贈り物のことである。 （   ）
⑤ 職場で休暇を取ったあとは、土産を配るルールがある。 （   ）

7 箸の使い方を注意されましたが……
（食事のマナー）

「自分なら、どう思いますか?　どうしますか?」

　先輩と近所の食堂で昼ごはんを食べていたときのことです。魚定食を頼んで、魚を食べやすいように、箸を右手と左手に1本ずつ持って小さくしていたら、先輩に『その食べ方は、日本ではあまりいいマナーじゃないから、しないほうがいいよ』と言われました。魚は箸でどうやって食べたらよかったのでしょうか?

クイズに答えましょう

問題　次の①〜④のうち、箸の正しい置き方はどれでしょうか。

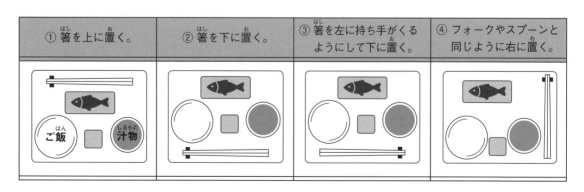

① 箸を上に置く。	② 箸を下に置く。	③ 箸を左に持ち手がくるようにして下に置く。	④ フォークやスプーンと同じように右に置く。

答え（　　　　　　　　　　　　　　　　　　　　　　　　）

理解しましょう

1. 配膳のマナー

　食事をトレーなどに並べたり、テーブルに出したりすることを配膳といいます。日本では**箸の先を左にして、皿・椀などの手前に横向きに置きます**。❈　日本では、一人前ずつ料理を盛り付けるという習慣があります。大皿に盛って、それぞれ自分が食べる分だけを取り分けて食べることもありますが、基本的に、１人ずつに次の図のような配置で、「定食」として出される形式が、伝統的な和食です。❈

●和食の配膳の例●

　和食では、**器を持ち上げて、箸で器からごはんやおかずを口に運ぶ食べ**方をします。なお、中国や韓国では、器を持ち上げずに料理に口を近づけて食べますが、この食べ方は、日本ではマナーが悪いと思われます。❈

2. 箸のマナー

　箸を使う国は、日本だけではありません。中国、韓国、シンガポール、ベトナム、タイなど、アジア各国でも使っています。しかし、箸のマナーはそれぞれの国で異なり、**日本独自の箸のマナー**があります。

●箸の持ち方（右手で持つ場合）●

3. 箸のマナー違反

　日本では、マナー違反となる使い方があります。忌み箸（嫌い箸）と呼

❈　中国では、箸の先を自分の位置とは反対側、つまり、向こうが先になるようにして縦向きに置きます。横向きに置くのは、食事が終わった合図になります。韓国も中国と同様に、箸を縦に置きます。

❈　日本人の主食であるごはんに、汁物と３つの菜（おかず）を組み合わせたものが基本となり、「一汁三菜」と呼ばれています。体に必要な「エネルギーになるもの」「体を作るもの」「体の調子を整えるもの」という３つの栄養素を、１回の食事で取り入れることができます。

❈　料理に口を近づけて食べることは、「犬食い」と呼ばれ、マナー違反とされます。

ばれ、以下のような例があります。

●忌み箸●

名前	内容
まよい箸	どれを食べようか迷って、箸を料理の皿のあいだを行ったり来たりさせる
さし箸	食べ物に箸を突き刺して取ったり、突き刺したまま食べたりする
じか箸	大皿から料理を取り分けるための箸を使わずに、自分の箸で取る
ねぶり箸	箸を使わないときに、箸置きや皿に置かず、口にくわえる
にぎり箸	箸を正しく持たず、2本まとめて握る
ひろい箸	箸から箸へ食べ物を移す
よせ箸	料理の皿を箸で自分の側へ引き寄せる
かき箸	茶碗に直接口を付けて、中の食べ物を箸で口にかき込む

4. 食事の「音」

　口を閉じないで食べ物をかむと、「クチャクチャ」という音が出ます。この音は、日本人には不快な音としていやがられます。😕
　一方、日本では容認される音もあります。それは、熱いお茶や味噌汁、うどん・そば・ラーメンなどの麺類をすする音です。麺をすする音は、おいしさを感じさせるなど、むしろ歓迎される音といえます。😊
　なお、同じ麺類でも、パスタは基本的に洋食に入るものであり、すすって食べるのは不自然ととらえられ、マナー違反ともいえます。すする音を出していいものは、和食に入るものだけと考えましょう。

😕 食事をするときに、「クチャクチャ」という咀嚼音（かむときの音）を出す人は、周りの人にいやがられ、「クチャラー」と呼ばれているそうです。ガムを「クチャクチャ」と音を立ててかむ人も同様のようです。周りの人に不快な思いをさせないように注意しましょう。

😊 そばをすすって食べるのは、そばの香りを楽しむためだという説もあります。実際に、そばをすすると、そばの香りが口に広がります。

COLUMN

食の文化の違い

　ある土地に行ったら、自分の価値観と異なっていても、行った先の土地（集団）の慣習にあった行動を取るべきという意味で、「郷に入っては郷に従え」ということばがあります。
　食の文化は国によってかなり異なるため、ほかの国に住んで驚くこともあるでしょう。しかし、日本に来たのであれば、音を立ててそばを食べてみたり、器を持ち上げて味噌汁を飲んだりと、日本の食文化をまねてみてください。もちろん、自分にはなじめないというのなら、無理をする必要はありません。自分の正直な気持ちを伝えれば、周りの人も理解してくれるはずです。

1. あなたの国から来日したばかりの後輩に、日本での「食事のマナー」について大切だと思うこと、知っておいてほしいと思うことを説明しましょう。

....

....

....

....

....

2. 次の文章を読んで、（　　）の中に、正しいものには○を、間違っているものには×を入れてください。

① 大きい皿から自分の皿に料理を取るときは、自分の箸ではなく別の箸を使う。　　　（　　）
② 熱い味噌汁を飲むときは、器をテーブルに置いたまますする。　　　　　　　　　（　　）
③ 豆や小さい芋など、箸ではさみにくいものを食べるときは、箸で突き刺して食べる。（　　）
④ 日本では、麺類の料理はすべて音を立てて食べてもよい。　　　　　　　　　　　（　　）
⑤ 大きなものは、箸をナイフとフォークのように使って小さくしてから食べる。　　（　　）

3. 日本人の同僚と一緒に、近くの食堂に昼ごはんを食べに行き、そばを注文しました。同僚は、「ズルズル」と音を立てて食べています。音を立てて食べることに抵抗があるため、音を立てずに食べていると、同僚に、『そばは音を立てて食べていいんだよ』と言われました。同僚にどのように話せばよいか考えて答えてください。

自分『..

....

....

....

....』

8 ビールは自分でつげるのですが……（お酒の席のマナー）

「自分なら、どう思いますか？　どうしますか？」

　日本の宴会は、女性がみなさんにお酒をついでいて、とても大変そうです。ついでもらうのは申し訳ないと思い、自分でつごうとしたら、同僚の女性が『あ〜！　だめだめ、私がつぎますよ』と大きな声で言いながら、わざわざビールをつぎにきてくれました。また、その同僚の女性は、自分はほとんどビールを飲まずに、ビール瓶を持って、ほかの人のグラスにビールをついで回っていました。お酒は自分が好きなように飲んだほうがおいしいし、楽しいのではないでしょうか？

クイズに答えましょう

問題　次の①〜⑤は、どのようなときに行うものでしょうか。A〜Eのうち、正しいものを選んで線で結んでください。

① 歓迎会　・

② 送別会　・

③ 暑気払い・

④ 納会　　・

⑤ 打ち上げ・

・A：大きな仕事が終わったとき

・B：夏の暑いとき

・C：社員が退職するときや転勤するとき

・D：新しい社員が入ったとき

・E：1年の最後の仕事日（12月末ごろ）

理解しましょう

1. お酒の席の準備

　自分が新入社員であれば、周りの人より先にお酒を飲み始めてはいけません。また、お酒の席（宴会）では、**「乾杯」のあいさつが終わるまでお酒に口をつけることはしません。**そして、あいさつのあとに誰かが「乾杯！」と声を出しますので、それまでは、飲みたくても我慢しなければなりません。

　乾杯の声が上がるまえには、全員が飲み物が入ったグラスを持っている必要があります。⊗そのために、周りにいる人、おもに女性が、積極的にほかの人のグラスに飲み物をついでいるのを見ることでしょう。しかし、男女関係なく、特に、自分が新人（後輩）であれば、**積極的につぐ手伝いをしましょう。**そして、自分が座っているテーブルの人、立食なら自分が近くにいるテーブルの周りの人のグラスに飲み物が入っていることを確認してください。そして、自分も飲み物を準備できているか確認してください。

2. 乾杯のあと

　乾杯の際、飲み物は飲みほしても飲みほさなくても問題ありません。ただし、周りの人のグラスが空になっていたら、すぐに、飲みほしたものと同じ飲み物を持って、『おつぎしましょうか？』と申し出てください。多くの場合は、『ありがとう』と言って応じてくれます。また、お返しに、こちらのグラスにも飲み物をついでくれるでしょう。そのとき、自分のグラスに飲み物が十分に入っていたら、一口飲んでからついでもらうなどして相手の気持ちに応え、**お酒の席のコミュニケーションを楽しんでください。**

3. お酒のすすめ方

　日本では、お酒は、ほかの人についでもらう（お酌をしてもらう）という慣習があります。自分でついで飲むのは、手酌といってマナー違反であったり、品が悪いと思われたりします。このため、周りの人に気を配って、グラスの中が空いている人や空きそうになっている人に、頼まれるまえにお酌をすることが慣習になっています。お酒を1人で楽しむのではなく、**周りの人と一緒に楽しむ**ことにもなります。

　お酌をするときは、飲み物の入った瓶や缶などを両手で持ち、相手がグラスを持ってからつぎましょう。

⊗ テーブルに瓶ビールが置いてあれば、ビールをグラスについでおく必要があります。多くの場合、テーブルには、アルコールが飲めない人のために、瓶ビールのほかにもウーロン茶やオレンジジュースなどのソフトドリンクのボトルも置いてあります。なお、日本では、「アルコールが入っていない飲み物」という意味でソフトドリンクということばが使われています。

4. お酒が飲めない場合

　お酒が飲めない人は、自分が飲めないことを、先に相手にきちんと伝えましょう。無理にすすめられることはないはずです。たとえ、再度すすめられても、**しっかり断る**ことです。宗教上の理由であったり、体質の問題であったり、好みの問題であったり、どのような事情であっても断ってよいのです。お酒が飲めない人は、遠慮をせずにソフトドリンクを飲んでください。❽

　もちろん、**自分が相手に無理にすすめることも避ける**必要があります。なお、日本では、法律上、20歳以上にならないとお酒を飲んではいけないことになっており、**20歳以上になっていない人にお酒を飲ませることも法律違反**となります。❽また、**お酒を飲んでからの運転も、重大な法律違反**になります。車を運転する人が飲んだり、運転する人に飲ませたりすることのないようしてください。

　また、周りがアルコールが好きな人ばかりで、ソフトドリンクを飲むと申し訳ないという場合もあるでしょう。ノンアルコールのビールやカクテルといった、周りからソフトドリンクに見えない飲み物も多くあります。お酒のように見えてアルコールは入っていないので、安心で安全です。お酒が飲めない人でも、アルコール抜きのお酒のような飲み物の味を楽しみながら、お酒の席に参加してください。

　なお、お酒を飲んでリラックスすることはいいことですが、**飲みすぎには注意が必要**です。飲みすぎて、言ってはいけないことを言ってしまい、かえって人間関係を壊してしまうこともあるからです。アフターファイブで聞いた個人的な話は、職場では話題にしないようにします。せっかく築いた人間関係を壊さないように、場を考えて話すようにしましょう。

COLUMN

○次会

　日本では、お酒の席の最初の会を「一次会」といい、そのあと、「二次会」といって、別の店に行くことがあります。さらに「三次会」「四次会」と飲み続ける場合もあります。これを「はしご酒」と呼んでいます。二次会、三次会、四次会も、必ずしもお酒を飲み歩くだけはなく、カラオケをしたり、締めにラーメンを食べたりすることもあります。

　なお、通常は最初の会（一次会）で解散するものですので、二次会以降は、自分の体調や都合に合わせて参加すればよいでしょう。参加しないときは、『今日はこれで失礼します』とあいさつをして帰ります。途中で勝手に帰ったりするのは失礼です。

1. あなたの部署はお酒が好きな人が多く、部署のほとんどの人が誘い合って一緒に飲みに行きます。あなたの国から来日したばかりの後輩は、「お酒が苦手なので、誘われるのが苦痛だ」と悩んでいます。後輩にアドバイスしましょう。

....

....

....

....

....

2. 次の文章を読んで、（　　）の中に、正しいものには〇を、間違っているものには×を入れてください。
① 宴会では、飲み物がつがれたら、自分が好きなときに飲み始める。　　　　　　（　　）
② 乾杯のときにつがれたお酒は、乾杯の声とともにすべて飲みほす。　　　　　　（　　）
③ 宴会では、お酒が飲めなくてもコミュニケーションを取ることはできる。　　　（　　）
④ 隣の人のグラスが空いていたら、相手にお酌を頼まれるのを待つ。　　　　　　（　　）

3. 終業時間になり、上司に『今晩、一杯どう？』と誘われました。次の①②の（　　　　）の中に、ふさわしいことばを入れてください。

①行きたいとき

自分：『（　　　　　　　　　　　　　　　　　　　　　　　　　　　　　　　）』

②行きたくないとき

自分：『（　　　　　　　　　　　　　　　　　　　　　　　　　　　　　　　）』

4. 次の①②のお酒の席での会話について、（　　　　）の中に、ふさわしいことばを入れてください。

①隣の人のグラスが空になっているとき

自分：『（　　　　　　　　　　　　　　　　　　　　　　　　　　　　　　　）』

②自分のグラスに飲み物が少しだけ残っているとき

同僚：『つぎましょうか？』

自分：『はい、A（　　　　　　　　　　　　　　　　　　　　　　　　　　　）』

自分：『いいえ、B（　　　　　　　　　　　　　　　　　　　　　　　　　　）』

第3章

社内のマナー

COLUMN

たばこのルールとマナー

　近年、たばこに関するルールが厳しくなってきています。

　たばこを吸っていない人でも、たばこの煙を吸っているという意味の「受動喫煙」ということばもよく耳にします。受動喫煙であっても、健康に害があるといわれ、飲食店などでは、たばこを吸う人と吸わない人の場所を分ける「分煙」が進んでいます。たばこを吸える場所には、「喫煙可」、吸えない場所には「禁煙」といった表示がされています。また、会社や店の中だけでなく、外でたばこを吸うことを禁止している「路上喫煙禁止」の場所もあります。たばこを吸う人は、たばこが吸える場所かを確認する必要があります。

　しかし、禁煙の表示がない場所であれば、いつでもたばこを吸ってもいいというものではありません。たとえば、近くに赤ちゃんを連れた人がいれば、吸わないほうがいいと考えるべきです。**ルールでは許されていても、状況を考えて行動するのがマナー**です。子どもではなくても、たばこを吸わない人と一緒にいるときは、ひと言『たばこを吸ってもいいですか』と許可を得るようにしましょう。

　仕事の場でも、たばこのマナーに注意する必要があります。お客さまを訪問したとき、応接室に灰皿があったとしても、訪問相手にすすめられるまでは吸わないでください。すすめられたときも、相手がたばこを吸わないのであれば、『ありがとうございます』と伝え、吸わないほうがいいでしょう。また、お酒の席では、たばこを吸いたくなる人も多いでしょう。喫煙のできる席であっても周りの人の許可を得てから吸いましょう。お互いに気持ちよく仕事ができるように、周りの状況を考えて行動するのがマナーの基本です。

　健康増進法という法律には、「受動喫煙防止」が定められています。屋内での喫煙の禁止のほか、専用の喫煙室の設置など、喫煙者と非喫煙者が明確に区分されています。

第4章

第だい **4** 章しょう

社しゃ外がいのマナー

1 電話のあとに先輩に注意されましたが……
（ウチとソトの関係）

「自分なら、どう思いますか?　どうしますか?」

　会社での電話対応にもだいぶ慣れてきました。今日も田中課長宛てに電話がありましたが、席にいなかったので、『あいにく、田中課長は席を外しております』と伝えて、伝言もきちんと受けることができました。

　しかし、電話を切ると、先輩に『自分の会社の人のことを言うとき、田中課長と言ってはダメだよ』と言われました。どう言えばよかったのでしょうか?

クイズに答えましょう

問題　お客さまと話すとき、次の①〜⑯は、ウチとソトのどちらの言い方でしょうか。それぞれ選んで、（　　）の中に入れてください。

①父　②お父さん　③お父さま　④母　⑤お母さん　⑥お母さま
⑦家族　⑧ご家族　⑨当社　⑩御社　⑪貴社　⑫弊社
⑬意見　⑭ご意見　⑮荷物　⑯お荷物

A：ウチ（　　　　　　　　　　　　　　　　　　　　　　　　　　　　　　）
B：ソト（　　　　　　　　　　　　　　　　　　　　　　　　　　　　　　）

理解しましょう

1. ウチとソト

　自分のお父さん・お母さんのことを上司に話すときは、父・母と言います。お父さん・お母さんは自分の家族、つまり、自分のグループであり、上司は自分の家族ではない、つまり、別のグループだからです。

　日本の社会では、自分が属しているグループとそれ以外のグループを、「ウチ」と「ソト」と呼んで区別しています。ウチとソトでは、**態度やことばづかいが違います。敬語**※を使うときは、ウチとソトの区別によって、尊敬語と謙譲語を使い分けます。

　ウチとソトの関係を考えるとき、一番大切なのは、今、**自分がどのグループにいるか**を把握することです。自分がいるグループは状況によって変わるため、状況を判断しなければならないのです。

※**敬語**
第5章第1節で詳しく説明しています。

2. 職場でのウチとソト

　自分の会社の中では、上司や先輩に対して敬語を使います。上司の行動には尊敬語を使って、自分の行動には謙譲語を使います。つまり、自分と上司は違うグループと判断しているのです。

　しかし、この状況に違う会社の人が入ってくると、グループの判断が変わります。グループの区別は「自分の会社の人」と「違う会社の人」で判断します。そして、自分の会社の中では違うグループだった上司と自分は同じグループになり、違う会社の人は別のグループになります。このため、違う会社の人が敬語を使う対象になり、その人の行動には尊敬語を、自分の会社の人（上司と自分）の行動には謙譲語を使うことになります。

　行動だけではなく、ものや人の呼び方も変わってきます。たとえば、**お客さまの会社は「御社」、自分の会社は「弊社」**と呼びます。そして、会社の中では、「松本さん」「渡辺社長」と呼んでいた同僚や上司のことも、**お客さまの前では、「松本」「渡辺」あるいは「社長の渡辺」**と呼びます。

　なお、「社長」や「部長」といった**役職名**は、日本語では「**さん**」や「**様**」のような意味（敬称）となりますので、注意してください。

3. 状況で変わるウチとソト

　1. 2. のとおり、ウチとソトは、状況によって変わります。**1.** では、別のグループであった上司と自分ですが、**2.** のように別の会社の人が入ることによって、上司と自分は同じグループになります。それでは、自分の会社の中に、上司の家族が入った場合を考えてみましょう。

ウチとソトの関係
①社内

②社内と社外

上司と自分と上司の家族の3人をグループに分けると、上司と上司の家族が同じグループになり、自分は別のグループになります。つまり、**上司と上司の家族が敬語を使う対象**になり、上司の行動と上司の家族の行動には尊敬語を、自分の行動には謙譲語を使うことになります。

●ウチとソトの呼び方●

自分に関するもの	お客さまに関するもの
父	お父さん／お父さま
母	お母さん／お母さま
家族	ご家族
当社／弊社	御社／貴社
井上／課長の井上	井上さん／井上課長
意見	ご意見
荷物	お荷物

　相手の親のことは、「お父さん」「お母さん」ということばも間違いではありませんが、上司の親について話すときは、もう少し丁寧に「お父さま」「お母さま」ということばのほうがよいです。また、相手の会社についての「御社」「貴社」ということばは、同じように使われますが、「貴社」は**書きことば**※で多く使われます。⊗「住所」のように音読みすることばには、一般的に「ご」を付けます。また、「名前」のように訓読みすることばには、一般的に「お」を付けます。ただし、「電話」のように、音読みでも「お」を付けて「お電話」とするという例外もあります。

4. 親しくなっても「ソトはソト」

　ウチとソトの関係は、状況によって変わりますが、自分が会社の一員であることには変わりありません。**会社の内部情報などは、ソトの人に絶対にもらさないようにします。**⊗特に、親しい友人と会っているときなどには、自分と相手は同じ仲間だと考え、何でも言いたくなってしまうことがあるでしょう。

　しかし、親しい人でも**「同じ会社の人」**でなければ**「ほかの会社の人」**です。相手に話してもいいことと話してはいけないことは、きちんと判断しましょう。

※書きことば
第5章第2節で詳しく説明しています。
⊗「キシャ」という音には、貴社以外にも、帰社、記者、汽車など、いろいろなことばがあります。同じ音の漢字については、第5章第3節で詳しく説明しています。
⊗情報管理については、第2章第7節で詳しく説明しています。

1. ジャパン物産の佐藤さんは、ワールド商事の山田部長を訪問して、上司の渡辺課長を紹介します。次の①〜⑤の（　　）に入ることばとして、ＡＢのうち正しいものを選んでください。

●ワールド商事のビルの前

佐藤：『①（Ａ：渡辺課長／Ｂ：課長の渡辺）は、ワールド商事を訪問なさるのは初めてですか』

渡辺：『いや、引っ越しをする前のビルにはよく行っていたけどね。このオフィスは初めてだよ』

●ワールド商事の会議室

佐藤：『②（Ａ：山田部長さん／Ｂ：山田部長）、こちらは弊社の③（Ａ：渡辺課長／Ｂ：課長の渡辺）でございます』

渡辺：『はじめまして。渡辺でございます。いつも④（Ａ：佐藤さん／Ｂ：佐藤）がお世話になっております』

山田：『こちらこそ。⑤（Ａ：佐藤さん／Ｂ：佐藤）には、いつもよくしていただいております』

2. 次の①〜③の場面での会話について、（　　）の中に正しいことばを入れてください。

① 電話での会話

さくら商事の田中：『はい。さくら商事でございます』

ふじ物産の山田　：『ふじ物産の山田です。お世話になっております』

さくら商事の田中：『こちらこそ、お世話になっております』

ふじ物産の山田　：『鈴木課長をお願いします』

さくら商事の田中：『(鈴木課長→　　　　　　　　)は、ただ今席を(外している→　　　　　　　　)』

② 電話での会話

さくら商事の田中　　：『はい。さくら商事でございます』

さくら商事の鈴木の妻：『私、鈴木の家内でございます。主人がいつもお世話になっております』

さくら商事の田中　　：『こちらこそお世話になっております』

さくら商事の鈴木の妻：『(鈴木課長→　　　　　)は、(いるか→　　　　　　　　)』

さくら商事の田中　　：『(鈴木課長→　　　　　)は、席を(外している→　　　　　　　　)』

さくら商事の鈴木の妻：『そうですか。では、またかけなおします』

③ 社内での会話

さくら商事の田中：『課長、お帰りなさい。(どこにいたのか→　　　　　　　　)』

さくら商事の鈴木：『ああ、申し訳ない。経理部の村田部長と話し込んでしまって』

さくら商事の田中：『20分ぐらい前に(鈴木課長の妻→　　　　　　　　)から(電話があった→　　　　　　　　)。また、かけますと(言っていた→　　　　　　　　)』

2 名刺交換のことを注意されましたが……
（名刺の扱い方）

「自分なら、どう思いますか？　どうしますか？」

　今日、訪問先で、初めてお客さまと名刺交換をしました。研修で習ったとおりに、両手を使い、相手に名前が読めるように渡すことができました。お客さまの名刺も丁寧に受け取って、すぐに名刺入れにしまいました。それなのに、訪問先から帰る途中、先輩から『名刺の扱い方、研修で習わなかったの？』と聞かれました。研修で習ったことと、何が違っていたのでしょうか？

┃ クイズに答えましょう ┃

問題　次の①～⑤のうち、名刺について適切なものはどれでしょうか。すべて選んでください。

① 受け取った名刺は、すぐに名刺入れにしまわずに、座って話している間は机の上に置いておく。
② 受け取った名刺には、すぐにその場で日付を記入しておく。
③ 名刺に読み方のわからない漢字があれば、相手に読み方を聞く。
④ 名刺に書いてあることをもとに、少し雑談をするとよい。
⑤ 自分の名刺を持ってくるのを忘れたときは、相手の名刺を受け取るべきではない。

答え（　　　　　　　　　　　　　　　　　　　　　　　　　　　　　　　　　　）

理解しましょう

1. 自分の名刺の扱い方

　初めての訪問先に名刺を持っていくのは、ビジネスの常識です。名刺を持っていくのを忘れてしまうと、**相手に対して失礼**なことになります。また、必要なときに名刺が足りないといったことがないように、いつも十分な枚数を準備しておきましょう。財布や手帳などには入れず、**名刺入れに入れておくようにしましょう。**

2. 相手の名刺の扱い方

　名刺交換は、次のように自分と相手が順番に、または、同時に行います。❽

●名刺交換の仕方●

①順番に交換する場合

【受ける側】
両手で受ける。

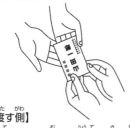

【渡す側】
相手のほうに向けて両手で差し出す。

②同時に交換する場合

【左手】
相手の名刺を受け取って支える。

【右手】
自分の名刺の端を持って、
相手のほうに向けて差し出す。

　名刺入れを持って、相手の名刺を名刺入れの上に乗せて受け取る方法もあります。

　最近では、日本語のほかローマ字を付けたり、裏面に英語版を付けたりする名刺がほとんどですが、日本語だけで、漢字の読み方がわからないこともあります。名刺を受け取ったら、まず、**名前の読み方を確認**しましょう。名刺交換の際に、姓（名字）は声に出して自己紹介をし合うため、読み方がわかります。姓のあとの名前が読めないときは、『お名前は何とお読みするのでしょうか』と聞きましょう。

　聞くことは失礼ではなく、むしろ聞いたほうがよいのです。名前の読み方を聞けるのは、初対面のときだけです。読み方がわからないままにして、あとで聞くのは大変失礼になります。

　名刺を受け取り着席したら、**話し合いの間は相手の名刺を机の上に置い**ておきます。複数の人と名刺交換した場合は、それぞれの人の名刺を、

❽ 名刺は、『頂戴いたします』と言って受け取ります。また、もしも名刺を持っていないときは、『名刺を切らしておりまして、失礼いたします』と伝え、相手の名刺は受け取ります。

座っている順番に並べます。初対面の人の名前をすぐに覚えるのは難しいものですから、相手の顔と名刺を一致させて覚えるようにしましょう。

　自分の会社に戻ってから、名刺を整理するときに、会った日付を書いたり、相手の特徴を書いたりすると記憶に残りやすくなります。ただし、名刺に何かを書き込むのは、大変失礼なこととされているため、**本人の前では、受け取った名刺にメモ書きをしないように注意しましょう。**

3. 名刺交換の順番

※役職（肩書き）
第1章第6節で詳しく説明しています。

　名刺は、目下の人から目上の人へ順番に渡すのがルールです。それぞれが複数の場合、役職（肩書き）※が上の人から名刺を交換します。取引先を訪問したときは、まず、自分の会社の中で一番目上の人から、相手の会社の中で一番目上の人へ歩み寄って、名刺交換を始めます。そのあと、自分の会社で二番目に役職の高い人、三番目に役職の高い人と、順番に目上の人から名刺を交換していきます。自分が一番目下であれば、最後に、相手の会社の中で一番目上の人へ歩み寄って、役職の順番に名刺交換をしていきます。

　複数が同時に名刺交換する場合は、様子を見ながら、上司が終わったところで続けて交換します。名刺交換にあまり時間をかけるとその分が無駄になるため、周りに合わせてすばやく動くことも大切です。

4. 名刺交換の流れ

※会釈
第2章第5節で詳しく説明しています。

　名刺交換をするときは、座ったままや、机越しで行ってはいけません。すでに席に座っていても、立ち上がり、交換する相手のところまで歩み寄って向かい合います。まず、会釈※をして、立ったままで名刺を交換します。なお、名刺交換は、目下から目上へ歩み寄り、目下から名刺を差し出します。相手の名刺を受け取る際は、『頂戴いたします』と言って会釈をしながら受け取ります。その後、『○○会社の▲▲と申します。よろしくお願いいたします』と言って自分の名刺を渡します。

　名前の漢字が特徴的であったら、『めずらしい漢字ですね』という話題が作れます。また、**住所**からは、『会社は○○市にあるんですか。いいところですね』『△△駅のお近くですか。便利でいいですね』などと話題を広げることも可能です。

1. 次の①〜⑥の文章を読んで、（　）の中に、正しいものの番号を入れてください。

① 名刺交換の際は、【A：目上の人から／B：目下の人から】先に名刺を差し出す。　　　（　　）

② 名刺交換は【A：お辞儀をして／B：お辞儀をしないで】行う。　　　　　　　　　　　（　　）

③ 名刺交換は【A：座ったままで／B：立ったままで／C：立ったまま、または、座ったままで】
行う。　　　　　　　　　　　　　　　　　　　　　　　　　　　　　　　　　　　　　（　　）

④ 自分の名刺は、【A：自分に名前が読める方向で／B：相手に名前が読める方向で】渡す。
　　（　　）

⑤ 名刺は、【A：落とさないように中央を握って／B：文字がよく見えるように端を持って】相
手に差し出す。　　　　　　　　　　　　　　　　　　　　　　　　　　　　　　　　　（　　）

⑥ 自分と相手が同時に名刺を差し出した場合は、【A：右手で自分の名刺を渡し、左手で相手の
名刺を受け取る／B：左手で自分の名刺を渡し、右手で相手の名刺を受け取る／C：自分の
名刺をしまって、相手の名刺を両手で受け取る】。　　　　　　　　　　　　　　　　　（　　）

2. 次の会話の（　）の中に、適切なことばを入れてください。

鈴木：『はじめまして。私、A社営業部の鈴木でございます。どうぞよろしくお願いいたします』
　　　≪名刺を差し出す≫

田中：『①（　　　　　　　　　　　　　　　　　　　　　　　　　　　）』≪名刺を受け取る≫
　　　≪名刺を差し出す≫『B社開発部の田中でございます。どうぞよろしくお願いいたします』

鈴木：『②（　　　　　　　　　　　　　　　　　　　　　　　　　　　）』≪名刺を受け取る≫

**3. Y社が、取引先のZ社で会議をすることになりました。Z社からは、①部長、②課長、③主
任、④担当者の4人が参加します。Y社からは、⑤部長と⑥担当者の2人が参加します。担当
者同士（④⑥）以外は初対面です。名刺交換をするときの順番として適切になるよう、（　）
の中に①〜⑥の記号を入れてください。**

＊担当者同士はすでに知り合っているため、今回は名刺交換をしません。

A：先に交換する人：（　　　　）⇔（　　　　）
　　　　　　　　　　　　　　　　⇔（　　　　）
　　　　　　　　　　　　　　　　⇔（　　　　）
　　　　　　　　　　　　　　　　⇔（　　　　）

B：次に交換する人：（　　　）⇔（　　　　）
　　　　　　　　　　　　　　　⇔（　　　　）
　　　　　　　　　　　　　　　⇔（　　　　）

3 よく自分のことを聞かれますが……（仕事に役立つ雑談）

「自分なら、どう思いますか？　どうしますか？」

　初めて会った人からは、まず、『日本語が上手ですね』と言われます。そして、どこから来たのか、いつ日本に来たのか、いつまでいるのかを決まって聞かれます。それで、このような質問にはもう慣れました。

　でも、私のほうからは、どんなことを話せばいいのかわからなくて困っています。話しかけてもらうのを、待っていればいいでしょうか？

クイズに答えましょう

問題　次の①〜⑤は、初めて会う取引先の人とする話題として適切でしょうか。（　　）の中に、適切なものは○を、内容によっては適切なものは△を、適切ではないものは×を入れてください。

① 天気の話　　　　　　　　　　　　　　　　　　　　　　　　　　　　　（　　）
② 家族の話　　　　　　　　　　　　　　　　　　　　　　　　　　　　　（　　）
③ スポーツの話　　　　　　　　　　　　　　　　　　　　　　　　　　　（　　）
④ 今朝のニュースの話題　　　　　　　　　　　　　　　　　　　　　　　（　　）
⑤ 芸能人（タレント・アイドルなど）の話　　　　　　　　　　　　　　　（　　）

1. 仕事以外の話題

　仕事をうまく進めるためには、用件に入る前の雰囲気作りが大切です。雰囲気作りのためにする軽い話題を、**雑談**といいます。雑談は、自分が話したいことを話すのではなく、**相手が話したいことや聞きたいことを選ぶ**とよいといわれています。相手に合った雑談をするためには、**相手に対して興味・関心を持つ**ことが重要です。相手を知ることで、雑談のための話題をうまく選ぶことができます。🗙

　しかし、相手に合わせた雑談は、相手とある程度の関係ができてからになります。最初は誰とでも話せることを話題にするといいでしょう。**雑談として好ましい話題**には、次のような例があります。

> 天気、最近のニュース、（訪問した際の）交通事情や交通状況

　特に、日本は、四季（春夏秋冬）によって移り変わる気候や自然の様子が話題になることが多いものです。たとえば、3月ごろであれば、『だいぶ暖かくなってきましたね』、10月ごろであれば『ようやく涼しくなってきましたね』など、その時期に応じた季節の話題が多く話されます。🗙
　また、**雑談として好ましくない話題**には、次のような例があります。

> 宗教、政治、相手の身体的特徴や年齢や結婚状況、人の悪口やうわさ話

　日本では、初対面の人に年齢を聞くのは、大変失礼なこととされています。国によっては、まず、年齢を聞いて、相手が自分より年上なのか年下なのかを確認することが当然という文化もあります。しかし、日本では、年齢を聞くと、おかしく思われたり、いやがられたりする可能性もありますので、十分注意しましょう。
　また、相手が結婚はしているか（既婚か）・していないか（未婚か）、子どもはいるか・いないかなども、しないほうがいい質問です。質問によっては、セクシャルハラスメントやパワーハラスメントととらえられる可能性もあるため、十分に注意しましょう。🗙

2. 訪問先での雑談

　1.で述べたとおり、訪問時には、すぐに仕事の用件には入らず、雰囲気作りの雑談をします。初対面であれば、まず、**自己紹介**が話題となります。2回目以降は、『先日はお時間をいただき、ありがとうございました』などとあいさつをし、少し雑談を続けます。

🗙 雑談の話題として、第5章第2節コラム「日本の地名」、第5章コラム「日本人は占い好き？」を使うことができます。
🗙 次のような話題が雑談にしやすいといわれています。最初の1文字または1つの漢字をとって、「木戸に立てかけし衣食住」という覚え方もあります。
き：季節
ど：道楽（趣味）
に：ニュース
た：旅
て：テレビ
か：家族
け：健康
し：仕事
衣：衣装（服装）
食：食事
住：住居
🗙 セクシャルハラスメントやパワーハラスメントについては、第2章第8節で詳しく説明しています。

1 雑談の選び方

天気や最近起きたニュースのほか、相手とある程度親しくなっていれば、相手の家族のことや趣味のことを話題にしてもいいでしょう。

大切なのは、**そのときに合った話題を、状況をみて選ぶことです**。「今日はこの話題で雑談しよう」と準備をしておくよりも、その場で判断して話題を選んだほうが、なごやかな雰囲気作りができます。雑談から、大切なビジネスの用件へとうまく話を進めていくことができます。つまり、雑談は、**重要なビジネススキル**といえます。

2 案内を受ける際の雑談

廊下を歩いている途中やエレベーターの中では、沈黙していると居心地が悪くなります。特に、エレベーターの中は密室※です。案内してくれる人と狭い空間で2人きりの状態での沈黙は、息苦しく感じます。雰囲気をやわらげるために、軽く雑談をするとよいでしょう。ただし、エレベーターの中にすでにほかの人が乗っている場合は、ほかの人への迷惑になるため、自分からの発言は控えましょう。

※密室
出たくても出られない、閉めきられた部屋のことです。

3. 自分の強みを生かした雑談

日本語が少しでも使える外国の人は、『日本語が上手ですね』と言われたことがあるでしょう。**日本語のスキルについても雑談の話題となります。**

『日本語が上手ですね』と言われたとき、『いえいえ、まだまだです』と謙遜するだけでなく、日本語学習について話を広げることもできます。たとえば、『実は、高校生のときに、外国語として日本語を選び、学び始めました』『小さいときから、日本のアニメが好きで、独学で日本語の勉強を始めたんです』などと、雑談につなげることができます。

さらに、自分の出身国のこと、いつ日本に来たのか、なぜ日本に来たのかなど、話が広がっていくことでしょう。外国の人にしかできない雑談がありますので、強みとして大いに活用しましょう。

4. 心の健康のための雑談

仕事外の話題をすることで、ふだんの生活の中で困っていることや悩んでいることについて話すきっかけにもなります。これにより、**心の健康（メンタルヘルス）**※を保てる効果もあります。雑談は、会社の人間関係やコミュニケーションをよくする役割があります。朝出勤してから始業時間までの間、昼休みなどの休憩時間、取引先に向かう途中といった少しの時間を、雑談（相談）の時間として有効に活用しましょう。

※心の健康（メンタルヘルス）
悩みやストレスなどのつらい気持ちといった「心の病気」がない状態のことです。

1. 初めて取引先のA社を訪問しました。部屋に通されたあと、どのような雑談をするとよいか、考えて答えてください。

....

....

....

2. 自社に、これから新しく取り引きを始めるB社の担当者が来ました。場の雰囲気をなごませるために、どのような雑談をすればよいか、考えて答えてください。

『...

....』

3. 今日、初めてB社を訪問し、初めて担当の課長に会うことになりました。「木戸に立てかけし衣食住」を使って、B社課長との雑談の会話を考えてみましょう。

① 自分　　　：『...

....』

② B社課長：『...

....』

③ 自分　　　：『...

....』

④ B社課長：『...

....』

⑤ 自分　　　：『...

....』

⑥ B社課長：『...

....』

⑦ 自分　　　：『...

....』

⑧ B社課長：『...

....』

4 タクシーで移動することになりましたが……（場所ごとの席次）

「自分なら、どう思いますか？　どうしますか？」

　取引先のABC株式会社には、いつもなら電車で行くのですが、今日は大雨で駅に向かえず、タクシーを呼びました。先輩、課長、部長と私の4人で行くため、タクシーの後ろに乗ろうとしたら、先輩から『助手席に乗って』と小さな声で言われました。助手席は一番いい席だと思うのですが、私が乗ってよかったのでしょうか？

クイズに答えましょう

問題　タクシーの中で、日本でいい席とされているのはどこでしょうか。　次の図の □ の中に、いい席の順に①～④の番号を入れてください。

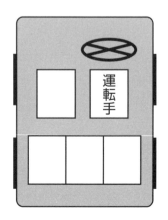

理解しましょう

1. 場所の上下

　場所の上下の順番のことを**席次**といいます。通常、目上の人やお客さまに、よりいい席である上座に座ってもらいます。一方、目下の人は、順番が下である下座に座ります。目上の人やお客さまを招待する側が下座に座ります。一般的に、**出入り口のドアに近い方が下座**になります。

2. 会議での席次

　1. で述べたとおり、会議室では、目上の人が上座、目下の人が下座になります。お客さまや取引先がいる場合は、お客さまや取引先の中で一番上位の人がもっともいい席に座ります。✖

●会議室の場合●

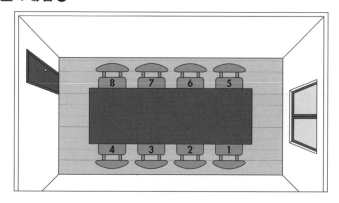

　たとえば、自社と取引先が、社長、部長、課長、一般社員の4人ずつで参加している場合、取引先の社長が一番いい席（図の**1**）に座り、順に、取引先の部長が図の**2**、課長が図の**3**、一般社員が図の**4**の位置に座ります。そして、自社側の社長が図の**5**、部長が図の**6**、課長が図の**7**、一般社員が図の**8**の位置に座ります。✖

●応接室の場合●

出入口

　応接室（ソファ席）の場合も基本的には同じです。ドアから遠く、窓側に一番近い席がもっともいい席となりますので、お客さまや取引先の上位の人が図の**1**に座り、その次の人が図の**2**に座ります。自社の一番目下の人がドアに近い図の**4**の位置に座ります。✖

第4章
社外のマナー

✖ 役職の上下関係については、第1章第6節で詳しく説明しています。

✖ 社内の人同士の場合

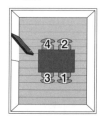

　社内の会議に、社長、部長、課長、一般社員の4人が参加している場合、社長が図の1、部長が図の2、課長が図の3、一般社員が図の4の位置に座ります。

✖ 2〜3人掛けのソファと、1人用のひじ掛け椅子がある応接室では、ソファのほうがいい席です。

127

3. エレベーターの席次

●エレベーターの場合●

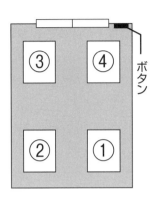

自分の会社の担当者がもっとも目下になるため、担当者が案内します。まず、担当者が中に入って操作ボタンの前に立ち（図の④）、ドアが閉まらないように「開」のボタンを押して、お客さまに入ってもらいます。入り口から見て左側の奥が最上位者の位置となるため、その位置にお客さまを誘導します（図の①）。エレベーターを降りる際は、担当者が、「開」のボタンを押し、まず、お客さまに降りてもらいます。

4. タクシーの席次

タクシーの中では、目的地について運転手に指示をしたり、お金を払ったりするのは、助手席に座った人の役割になります。したがって、4人で乗る場合は、**一番目下になる人が助手席**に乗ります。また、**一番いい席は運転席の後ろの席**です。運転席の後ろは、交通事故などにあったとき、もっとも安全だからという理由もあります。

なお、2人で乗る場合は、目下だからといって助手席に座る必要はなく、後ろに並んで座ることが一般的です。この場合も、運転席の後ろに目上の人が、助手席の後ろに目下の人が座ります。3人で乗る場合は、後ろに3人並んで座るには狭いため、一番目下の人は助手席に座ることが一般的です。

COLUMN

結婚披露宴の席次

日本の結婚披露宴では、お客さま（来賓）重視となります。来賓とは、新郎新婦の上司・恩師・先輩たちであり、来賓をもてなす側である新郎新婦の両親・兄弟・祖父母たちは目下と考えます。来賓が上座（新郎新婦に一番近い席）に座り、両親・兄弟・祖父母は末席（新郎新婦から一番遠い席）に座ります。

1. 自分の会社で、取引先のＡ社の人たちと会議をすることになりました。Ａ社からは、①部長、②課長、③主任、④担当者の４人が参加します。自分の会社からは、⑤部長、⑥課長、⑦主任、⑧担当者（自分）の４人が参加します。次の会議室の図のうち、①〜⑧の人がどこに座るのが適切か、それぞれ◯の中に番号を入れてください。

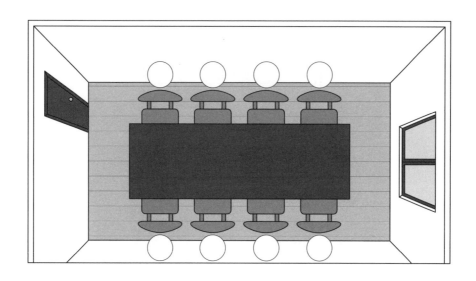

2. 自分の会社に、取引先のＢ社の人たちが来社しました。会議室まで参加者全員がエレベーターに乗ります。Ｂ社の参加者は①課長、②担当者です。自分の会社の参加者は、③課長、④担当者（自分）です。次のエレベーターの図のうち、①〜④の人がどこに立つのが適切か、それぞれ□の中に番号を入れてください。

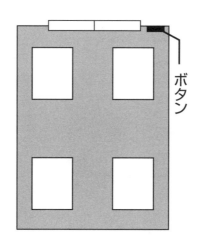

ボタン

5 お客さまを見送ったときに注意されましたが……
（案内と見送り）

「自分なら、どう思いますか？　どうしますか？」

　今日、お客さまがご来社され、先輩と一緒に打ち合わせに参加しました。打ち合わせのあと、会社のビルの玄関で、お客さまの見送りをしました。来社のお礼のあいさつをしてオフィスに戻ろうとすると、先輩に、『まだまだ』と言われました。お客さまはもう歩き始めていましたが、なぜ、まだ、そこに立っていなければならなかったのでしょうか？

クイズに答えましょう

問題　次の①〜⑥のうち、初めて来社したお客さまの見送りのマナーとして適切なものはどれでしょうか。すべて選んでください。

① 会議室の中で、会議終了のあいさつをして、帰ってもらう。
② 会議室の外で、会議終了のあいさつをして、帰ってもらう。
③ エレベーターまで一緒に行き、エレベーターの扉が閉じるまでお辞儀を続ける。
④ エレベーターまで見送り、エレベーターがなかなか来ないときは、その場であいさつをして会議室に戻る。
⑤ 会社の玄関まで見送り、相手の姿が見えなくなるまでお辞儀を続ける。
⑥ 会社の玄関まで見送り、お客さまが帰り始めたらオフィスに戻る。

答え（　　　　　　　　　　　　　　　　　　　　　　　　　　）

1. 案内のマナー

1 受付

『いらっしゃいませ』『お待ちしておりました』などのあいさつをします。✖
すぐに案内できないときは、『そちらにおかけになってお待ちください』
と声をかける配慮が必要です。✖

2 案内

お客さまを部屋へ案内する場合は、お客さまのななめ前を歩きます。お
客さまの２～３歩先になるくらいの速さで歩きます。部屋の前に着いた
ら、外開きのドアの場合は、取っ手を引いて開け、『どうぞこちらへ』『ど
うぞ、お入りください』などと言いながら、お客さまに部屋に入ってもら
います。また、内開きのドアの場合は、取っ手を押して開け、案内する人
が先に部屋に入り、内側からドアを押さえ、『どうぞ、お入りください』
などと言いながら、お客さまを部屋に誘導します。

案内後、お客さまがコートを手に持っている場合は、部屋にコート掛け
があれば、『どうぞ、お使いください』と声をかけます。また、約束の時
間までの待ち時間があれば、お茶などを出して、✖『担当の者が参ります
ので、しばらくお待ちください』と声をかけ、担当者にお客さまが来たこ
とを伝えます。なお、お客さまが早く来たからといって、会議の時間を早
める必要はありません。

2. 見送りのマナー

お客さまが帰るとき、海外では、握手や軽く抱き合うなどして、その場
で別れることもあるようです。一方、日本では、**お客さまの姿が見えなく
なるまで見送る**ことが多いものです。見送りの間、**ずっとお辞儀**※を続け
る場合もあります。✖

3. 会議後の見送り

本来、用件を切り上げるのは、お客さまの役割です。予定されていた時
間を過ぎても、こちら側から**退出を促すような言動は、失礼**にあたります。
しかし、相手が時間に気がついていないこともありますので、『それでは、
A案で進めるということで、引き続きよろしくお願いします』などと話を
まとめると、自然と**終わりの合図**になります。

終了後、お互いが持ち物をまとめて、退出できるようにします。相手が
立ち上がったら、こちらも立ち上がります。寒い時期は、コートやマフ

✖ 訪問の約束（ア
ポイントメント）
のない人、遅刻し
てきた人には、『お
待ちしておりまし
た』とは言わない
ようにします。な
お、アポイントメ
ントについては、
第４章第６節で詳
しく説明していま
す。

✖ 声をかけない
と、お客さまが立っ
たまま待つことに
なります。

✖ お茶の出し方
については、第４
章コラム「お茶の
出し方・飲み方」
を参考にしてくだ
さい。

※お辞儀
第２章第５節で詳
しく説明していま
す。

✖ 個人の家で訪
問を受けた場合、
日本では、相手が
玄関から十分遠く
離れるまでは、す
ぐにドアや鍵を閉
めないことが多い
ものです。日本以
外の国では、ほと
んど見られない配
慮といえます。

❊「召す」は「着る」
の尊敬語です。「ご
〜になる」を使う
「ご着用になる」と
いう表現もありま
す。敬語について
は、第5章第1節
で詳しく説明して
います。

※雑談
第4章第3節で詳
しく説明していま
す。

❊ お客さまも、エ
レベーターの扉が
閉まるまでお辞儀
を続けています。

❊ お辞儀をしたあ
とは頭を上げて、
お客さまの姿が見
えなくなるまで見
送るということで
も失礼ではありま
せん。

ラーを手に持っていることがあるため、退出の前に、『どうぞ、寒いです
から、こちらでお召しになってください』と声をかけましょう。❊

　なお、同じ会議室で続いて別の会議が入っており、開始時間がもうすぐ
という場合は、会議室内であいさつをします。そして、上司や担当者以外
の参加者はそのまま会議室に残り、少なくとも担当者だけはお客さまの見
送りのために退出します。

4. 見送りの場所

　ドアを開けて、お客さまを先に通したあとは、お客さまの2〜3歩前を
歩いて、エレベーターや玄関などの見送りの場所まで誘導します。部屋を
出てからは、基本的に仕事の話はしません。**天気の話や個人的な話題で軽
く雑談**※をしてから別れします。見送りの場所は、会社によって異なりま
すので、事前に会社のルールを確認しておくことが必要です。一般的には、
エレベーターの前または玄関で見送ります。

(1) エレベーターの前で見送る場合

❶ エレベーターの操作

　見送る側の担当者が、「↑（上）」または「↓（下）」のボタンを押します。
エレベーターが到着したら、指でボタンを押しながら、『どうぞ、お入りく
ださい』と言って、空いている手で中を示してお客さまを誘導します。

❷ あいさつ

　お客さまがエレベーターの中に入って、振り返ったら、『本日はありが
とうございました。失礼いたします』とお辞儀をします。**エレベーターの
扉が閉まるまで、お辞儀を続けます。**❊

(2) 玄関で見送る場合

❶ エレベーターの操作

　エレベーターで玄関まで一緒に行く場合、エレベーターが到着したら、
先に中に入って「開」のボタンを押しながら、『どうぞ、お入りください』
と言って、中を示してお客さまを誘導します。そのあと、行き先のボタン
を押しますが、お客さまに対し、自分の背中を完全に向けないよう、なな
めに向いて立ちます。降りる階に着いたら「開」のボタンを押しながら、
『どうぞ、こちらへ』と言って、外を示してお客さまを先に降ろします。

❷ 玄関への誘導

　お客さまの前を歩き、玄関に誘導します。玄関に着いたら、訪問のお礼
を言ってお辞儀をします。**お客さまの姿が見えなくなるまでお辞儀を続け
る**のが、もっとも丁寧な見送りの方法です。❊なお、お客さまがタクシー
で帰る場合、**タクシーが見えなくなるまでお辞儀を続ける**、または、頭を
上げて見送ります。

1. 次の①〜④のうち、お客さまを案内するときに自分が歩く場所として正しいものを選んでく

ださい。

① お客さまの真っ直ぐ前

② お客さまの隣

③ お客さまの後ろ

④ お客さまのななめ前

解答（　　　　　　　　　　　　　　　　　　　　　　　　　　　　　　　　　　　　　）

2. 次の会議室への案内について、①〜⑥の（　　　　　）の中に、A〜Dから適切なことばを選

んで記号を入れてください。なお、2回使うことばもあります。

　　外開きのドアの場合は、取っ手を引いて開け、『どうぞこちらへ』『どうぞ、お入りください』

などと言いながら、①（　　　　　）が②（　　　　　）ようにします。

　　また、内開きのドアの場合は、取っ手を回して押し開け、③（　　　　）が④（　　　　）よ

うにして、内側からドアを押さえ、『どうぞ、お入りください』などと言いながら、⑤（　　　　）

が⑥（　　　　）ようにします。

A：自分　　　　　　　　B：お客さま　　　　　　　　C：先に入る　　　　　　　　D：あとから入る

3. あなたの国から来日したばかりの後輩に、「日本の見送りのマナー」について必要だと思うこ

と、知っておいたほうがよいことを説明しましょう。

....

....

....

....

....

第4章　社外のマナー

6 訪問先のビルの前で注意されましたが……
（訪問のマナー）

「自分なら、どう思いますか？　どうしますか？」

今日、先輩と一緒に取引先を訪問しました。寒い日だったので、私も先輩もコートを着ていました。私がそのまま訪問先の会社のビルに入ろうとすると、先輩に『コートは脱いで』と言われました。私は、もちろん、お客さまに会う前には脱ごうと思っていました。なぜ、ビルの中に入る前に脱がなければならないのでしょうか？

クイズに答えましょう

問題　次の①②について、他社を訪問するときの注意として、A～Dのうち正しいものはどれでしょう？

① コートを脱ぐ場所
　A：訪問先の玄関の前　　　　　　　　　B：エレベーターの前
　C：訪問先の受付　　　　　　　　　　　D：訪問先のトイレ

② 脱いだコートの扱い
　A：そのまま片手に掛けて持つ　　　　　B：コートを裏返しにして片手で持つ
　C：小さく折りたたんで鞄に入れる　　　D：訪問先のハンガーに掛ける

答え①（　　　　　　　　　　　　　　　　　　　　　　　　　　　　　　　　）

答え②（　　　　　　　　　　　　　　　　　　　　　　　　　　　　　　　　）

理解しましょう

1. 訪問の約束

　訪問のためには、**訪問日時の約束をする必要があります**。この約束を**アポイントメント**といい、ビジネスでは、よく「アポ取り」と呼ばれます。

　アポイントメントは、なるべく日時に余裕を持って取りましょう。最低でも、希望日の1週間前には相手先に連絡するようにしましょう。訪問の日時を決めるときには、**相手の都合を優先する**のが原則です。そして、**アポイントメントの目的や、なぜ訪問したいのかという理由を明確に伝える**必要があります。こちらの都合もあるので、日にちや時間帯の候補は、2つ～3つ程度用意しておき、相手の都合と調整するようにしましょう。また、アポイントメントの際の打ち合わせに、**どのくらい時間が必要かも伝**えます。一般的には、1時間程度が適切です。さらに、訪問の際は**何人で誰が参加するのか**を伝えます。

2. 訪問前の準備

　訪問が、相手にとっても貴重な時間となるためには、効率的に話が進められるよう、あらかじめ**会社の情報を調べておいたり、資料の準備をした**りしておきましょう。❽

　また、アポイントメントを取ったのが1週間以上前であった場合は、前日に、電話またはメールで『明日、○時にうかがいますので、よろしくお願いいたします』などと、連絡を入れておきます。場合によっては、あらかじめ相手に資料を電子ファイルで送り、目を通しておいてもらうのも効果的です。なお、相手に渡す資料をあらかじめ送った場合でも、紙に印刷もして持参します。印刷した資料は、少し多めに準備するとよいです。

3. 訪問時のマナー

　約束の時間の**5分～10分前に到着**し、受付の人にあいさつをしましょう。なお、コートを着て行った場合は、訪問先の会社に入る前に脱ぎます。脱いだコートは、外側を内側にして腕に掛けて持ちます。❽　まず、『失礼いたします』『お世話になっております』と声をかけます。そのあと、『私、ABC社の△△と申します。10時に営業部の○○様とお約束をしているのですが、お取り次ぎをお願いいたします』と、自分の会社と名前を言い、用件を伝えます。受付の人から『少々お待ちください。ただ今確認いたします』『どうぞ、おかけになってお待ちください』などと伝えられますので、そのことばに従います。❽

❽ 訪問時間については、第2章第1節で詳しく説明しています。

❽ コートの外側を内側にする意味は、外のほこりを訪問先の会社内に持ち込まないためです。

❽ ロビーなどで待っているときは、言動に気をつけましょう。相手の会社に入ったら、周りの人はすべてお客さまです。他社との仕事の話などをすると、思わぬところで聞いている人がいるかもしれないため、会話の内容には十分注意してください。他社のうわさ話などはしないよう注意します。なお、情報管理については、第2章第7節で詳しく説明しています。

4. 案内の受け方

　受付の人がそのまま、または、担当者が受付まで迎えにきて、部屋に案内してくれます。部屋へ向かう途中は、案内の人の2〜4歩ななめ後ろを歩くようにします。エレベーターに乗るときは、案内の人にすすめられてから、中に入ります。

　エレベーターが到着し、案内の人に声をかけられたら、すぐに先に出ます。部屋の前に着いたら、案内の人にドアを開けてもらい、『失礼します』と言いながら、軽く会釈をして中に入ります。部屋の中で座る席は、案内の人または訪問相手が示してくれます。また、案内の人または訪問相手に、**『どうぞおかけください』と言われてから座る**ようにします。なお、声をかけられなかった場合は、座らずに立って待つのがマナーです。しかし、訪問相手が長時間来られない場合は、座って待ち、入室の合図（ノック）があったらすぐに立ち上がり、あいさつをしてください。

　また、自分の荷物は、基本的に**自分の足元**に置き、机の上や隣の席の上には置かないようにしましょう。会議室にコート掛けがある場合、『どうぞお使いください』と促されたら、使わせてもらうとよいでしょう。促されない場合は、そのままコートを小さくたたんで自分の鞄の上などに置きます。

5. アポイントメントの終え方

　たとえば、アポイントメントの予定が1時間であった場合は、きちんと1時間以内になるよう、**予定どおりに終わらせる**ようにします。そのために、終了時間近くになったら、『それでは、そろそろお時間ですので……』『それでは、この件は、来週ご回答をいただくということでよろしいでしょうか』など、終わりを知らせる表現を使って合図を出しましょう。なお、机に広げていた資料を片付け始めるのも、終わりの合図になります。❀

　訪問の最後のあいさつとして、次のような表現があります。

（例）『本日はお時間を取っていただき、ありがとうございました』

　　　『それでは、失礼いたします。今後とも、どうぞよろしくお願いいたします』

　　　『おじゃまいたしました。ありがとうございました』

　訪問後自社に戻ったら、まず、『ただ今戻りました』と周りに声をかけ、戻ったことを口頭で報告しましょう。訪問の内容によって、出張報告書を書く場合もありますし、交通費の精算をする必要もあります。書式や手続きについて、会社のルールを確認しておきましょう。

❀ コートは、脱いだときと同じように訪問先の外で着ます。ただし、会議室の中で、『どうぞ寒いですからコートを着てください』とすすめられることもあります。すすめられたら、会議室の中でコートを着ても問題ありません。なお、エレベーターの前であいさつをすませ、エレベーターの扉が閉まってから自分だけになった場合には、エレベーターの中で着てもいいでしょう。ただし、混んでいるエレベーターの中では、周りの人のじゃまにならないよう配慮しましょう。

1. 訪問先に着いて部屋に案内されるとき、次の①～④の中から、自分が歩く位置として正しいものを選んでください。

① 案内する人の前

② 案内する人の真っ直ぐ後ろ

③ 案内する人のななめ前

④ 案内する人のななめ後ろ

解答（　　　　　　　　　　　　　　　　　　　　　　　　　　　　　　　　）

2. 訪問先に着いて案内されるとき、部屋までエレベーターを使う場合、次の①～④の中から正しいものを選んでください。

① 乗るときは案内する人が先に乗り、降りるときは自分が先に降りる。

② 乗るときは自分が先に乗り、降りるときは案内する人が先に降りる。

③ 乗るときも降りるときも、自分が先に乗り降りする。

④ 乗るときも降りるときも、案内する人が先に乗り降りする。

解答（　　　　　　　　　　　　　　　　　　　　　　　　　　　　　　　　）

3. 訪問先の応接室に入るとき、次の①～⑤の（　　　　）に入ることばとして、A・Bのうち正しいものを選んでください。

　まず、①（A：案内する人／B：自分）がドアを開ける。

　②（A：案内する人／B：自分）が『③（A：どうぞお入りください／B：失礼します)』と言ってから、④（A：案内する人／B：自分）が『⑤（A：どうぞお入りください／B：失礼します)』と言って先に入る。

4. 次の①～④の中から、一番正しいものを選んでください。

① 打ち合わせ終了後、会議室の中でコートを着る。

② 打ち合わせ終了後、会議室の外でコートを着る。

③ 別れのあいさつを終えたあと、エレベーターの中でコートを着る。

④ 別れのあいさつを終えたあと、玄関の外でコートを着る。

解答（　　　　　　　　　　　　　　　　　　　　　　　　　　　　　　　　）

7 お客さまがわかるように説明したのですが……（営業活動）

「自分なら、どう思いますか?　どうしますか?」

　今日は上司と取引先へ営業に出かけました。新商品についてはしっかり勉強してきたので、お客さまの前でも、長い時間、問題なく説明することができました。お客さまも、きっと気に入ったと思います。

　しかし、帰る途中、上司に『ちょっと話しすぎだったね』と言われました。営業に行ったのですから、話すのは当然ではないでしょうか?

クイズに答えましょう

問題　新製品の紹介のために営業に行くことになりました。次の①〜⑤のうち、必要な準備はどれでしょうか。すべて選んでください。

① 訪問する日時を相手と約束する。
② 打ち合わせに必要な資料や名刺を準備する。
③ 一緒に訪問する人と打ち合わせをしておく。
④ 新製品のよさをどう伝えるか事前に練習しておく。
⑤ 議事録を作成する。

答え（　　　　　　　　　　　　　　　　　　　　　　　　　　　　）

1. 営業活動の意味

　同じ営業ということばでも、いろいろな意味があります。たとえば、店の前に「営業中」という掲示があれば、**店が開いている・店を利用できる**という意味です。

　しかし、『私は、営業の仕事をしています』と言う場合は、**お客さまと直接会って、自社の製品やサービスを売る仕事をしている**という意味です。

2. 営業活動の準備

■1 アポイントメント※

　営業に行くときは、先に、アポイントメントを取ります。❽

　なお、お客さまを訪問するときに、上司と一緒に行くこともあります。上司は、仕事の細かい部分までは把握していないこともあります。このため、訪問の前に、**お客さまの会社との関係、担当者、営業活動の状況、今後どのようにしたいのか**などを、上司に説明しておきましょう。

■2 身だしなみ※

　営業に行くときは、身だしなみにも気をつけてください。相手の会社の人が普段着でも、営業には、基本的にはスーツを着て行きます。

■3 紹介

　お客さまに初めて会う先輩や上司と一緒に行った場合、**まず、お客さまに先輩や上司を紹介**しましょう。紹介するときは、**上司に「さん」や「課長」のような敬称を使わない**ように気をつけましょう。『部長の田中です』のように紹介してください。❽

3. 営業活動での話し方

　営業の仕事と聞くと、話が上手というイメージがあるでしょう。

　自社の製品やサービスをお客さまに説明するには、**上手に話す力**が必要です。日本語や**敬語の使い方**※にあまり自信がない人は、不安に感じることでしょう。まずは、お客さまを訪問するまでに、**しっかり日本語を勉強**してください。しかし、実際にお客さまのところに行ったときには、ことばづかいばかりを心配せず、**心を込めて話す**ことに集中しましょう。心が込められていれば、日本語の間違いなどは受け入れられやすくなり、自分の思いはきっと相手に伝わるはずです。

　また、上手に話す力と同じぐらい大切なのは、**上手に聴く力**※です。営業の仕事は、お客さまの役に立つものを提供することです。つまり、お客

※アポイントメント
第4章第6節で詳しく説明しています。

❽ アポイントメントを取らずに、直接、営業に出向く「飛び込み営業」という方法もありますが、相手が必ず会ってくれるかわからないため、一般的ではないといえます。営業の方法は、会社によって異なります。先輩や上司の方法を参考にしてください。

※身だしなみ
第1章第5節で詳しく説明しています。

❽ 自分の会社の人の呼び方は、第4章第1節で詳しく説明しています。

※敬語の使い方
第5章第1節で詳しく説明しています。

※聴く
第3章第3節で詳しく説明しています。

さまが何を必要としているのか、何があればお客さまの仕事が楽になるのか、新しい仕事ができるようになるのかを、さぐらなければなりません。相手にとって役立つもの提供するためには、**相手の話をしっかり聴いて、相手が求めているもの（ニーズ）を知る**ことが重要です。

　なお、営業のために、あまりにもたくさん話をすると、お客さまは「押しつけられている」と感じます。さらに、「もう、この営業の人とは会いたくない」と感じる人もいます。自社の製品やサービスについて説明するときは、**お客さまの反応**を見ながら話しましょう。一方的な説明は、相手を不快な気持ちにさせます。 ✖

4. 営業の終え方

1 終了時のあいさつ

　お客さまとの話を終える前に、今日、話したことを簡単にまとめます。決定したこと、検討することなどを、お客さまと再度確認してください。

（例）『仕様については、お渡しした提案書の内容で進めるということでよろしいでしょうか』

　　　『納期については、弊社に持ち帰り、確認後、水曜日までにはご連絡するようにいたします』

　　　『何かご不明な点などはありませんか』

2 持ち帰り事項

　お客さまからは、いろいろな質問を受けたり、お願いをされたりすることがあります。中には、**自分が答えられないことや、上司に相談しなければ決められないこと**があるでしょう。自分だけでは回答できないときは、『社に戻って確認いたします』『私の**一存**※では決められませんので、持ち帰らせていただきます』と伝えます。

　あやふやなまま答えたり、重要な事項を上司の許可なく決めたりしてはいけません。必ず、持ち帰るようにしてください。持ち帰るときは、**いつまでに返事をするかを約束**します。

5. 帰社後の必要事項

　訪問した当日のうち、あるいは、翌日に、お客さまに時間をいただいたお礼を伝えましょう。近年では、メールでのあいさつが一般的です。また、お客さまと話した内容は、議事録などにまとめて、なるべく早く送っておきましょう。 ✖

　上司にも報告し、検討事項として持ち帰ったことはすぐに相談して、必ず約束の日までに返事をしてください。約束の日になっても決定事項が回答できない場合も、進捗状況は伝えるようにします。

✖ 営業の仕事をしていると、お客さまをほかの会社に取られたくないという気持ちが出てくるでしょう。しかし、お客さまの役に立つのであれば、他社の情報も伝えましょう。今回は、自社の利益にならなくても、お客さまの役に立てば、自分の対応に満足し、結局は自社に戻ってきてもらえるということもあります。目の前の利益だけでなく、将来のことも考えて営業活動を行いましょう。
※一存
「1人だけの考え」という意味です。

✖ 議事録の書き方については、第5章コラム「議事録の書き方の例」を参考にしてください。

1. 営業の目的でお客さまと話すときの注意点を考えて答えてください。

....

....

....

....

....

2. 次の文章を読んで、（　　）の中に、正しいものには○を、間違っているものには×を入れてください。

① 飛び込み営業とは、ほかの人に紹介してもらった会社を訪問する営業の方法をいう。（　　）

② 営業に行くときは、相手の会社の人が普段着でも、スーツを着て行ったほうがいい。（　　）

③ 営業に上司が同行するときは、自分が進行するため、上司に内容を伝えておく必要はない。

（　　）

④ 持ち帰り事項とは、その場で決められず会社に戻って検討するものをいう。（　　）

⑤ お客さまの時間は大切なため、話した内容は繰り返さず、会社に帰ってからメールにまとめて送る。（　　）

3. お客さまから、『価格をあと10万円ぐらい下げてほしい』と言われましたが、自分では決めることができません。どのように返事をするべきか、考えて答えてください。

『..

....

....』

4. 訪問先からの帰社後、必要な業務を考えて答えてください。

....

....

....

....

....

8 自分の会社とは違うことを言われましたが……（派遣・出向）

「自分なら、どう思いますか？　どうしますか？」

　私は、システムエンジニアとして、いろいろな現場で仕事をしています。かなり経験を積んできましたので、システムエンジニアの仕事には自信を持っています。今週からは、また、新しい現場に派遣されています。今日、お客さまから、システムの小さな不具合について相談があったので対応しました。帰るときに、派遣先の上司から、すべてレポートを提出するようにと言われました。今までの職場では、一度も提出したことはなかったのに、なぜ、レポートが必要なのでしょうか？

クイズに答えましょう

　問題　現在、日本にはいろいろな契約で働いている人がいます。次の①〜⑤の特徴は、A〜Eのどれでしょうか。記号を線で結んでください。

① アルバイト・　　　　・A：1年間、6か月間など、会社が決めた期間を働く。
② 正社員　　　・　　　　・B：派遣会社の社員となり、派遣会社が契約したほかの会社で働く。
③ 契約社員　　・　　　　・C：短時間、あるいは、短期間だけ働く。
④ 派遣社員　　・　　　　・D：定年退職した社員が、同じ会社と契約をしなおして働く。
⑤ 嘱託社員　　・　　　　・E：契約の期間は決まっておらず、会社が決めた1日の就業時間を働く。

理解しましょう

1. 派遣と出向

(1) 派遣

　派遣は、**派遣会社**※と雇用契約をします。そして、派遣会社を通して仕事を紹介してもらいます。派遣会社に履歴書や**業務経歴書**※などを提出し、まず、派遣会社の人と面接をします。実際に仕事をするのは、派遣会社から紹介された会社ですが、自分を雇っているのは、派遣会社です。給料も、派遣会社からもらうことになります。また、保険などの**福利厚生**※も派遣会社のものを受けることになります。

●派遣の雇用形態●

　紹介を受けて会社に派遣されたあとで、仕事について困っていることがあれば、派遣された会社の上司や同僚に相談するだけでなく、**派遣会社の人にも報告**しておきましょう。何か問題があれば、派遣会社の人と派遣された会社の人が話し合って解決してくれます。

　派遣会社には、いろいろな会社から募集があります。自分のやりたいことがはっきりしていない人が、さまざまな職場を見るにはいい制度といえます。なお、派遣の制度で同じ会社で働けるのは、３年間までです。

(2) 出向

　出向は、会社が、自社の社員を**子会社**※や**関連会社**※で仕事をさせることです。**雇用契約はもとの会社**と続いていますが、出向された会社とも雇用契約をします。もとの会社と出向された会社と、どちらがどのくらい自分の給料を払うかなどの契約は、場合によって違います。

●出向の雇用形態●

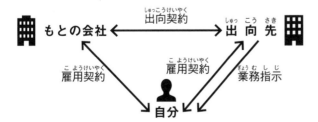

　出向は、同じ会社の中での**転勤**※とは、大きく違います。仕事の内容は、

※派遣会社
社員をいろいろな会社に紹介する会社です。社員となる人は、派遣会社と働く時間や休み、給料などを決めて契約をします。

※業務経歴書
仕事の経験のある人が、履歴書の職歴とは別に、これまでの仕事の内容について具体的に書いた書類です。

※福利厚生
給料以外に、会社が従業員に対して用意する、保険や年金などの社会保障や、社員食堂や社員住宅などのことです。

※子会社・関連会社
ほかの会社（親会社）が経営の決定権を持っている会社のことです。親会社は、関連会社よりも子会社に対して、より多くの決定権を持っています。

※転勤
同じ会社の中で、勤務する場所が変わることです。たとえば、大阪支店から名古屋支店に変わるなどです。担当する業務も変わることもあります。

● 働くうえで非常
に大切なことで
す。わからない日
本語などがあれ
ば、理解できるま
で説明してもらう
ことが必要です。

出向された会社の上司の指示を受けることになります。**働く時間などの条件が変わることもありますので、出向の指示があったときは、よく説明を聞いてください。**● 出向には、いろいろな目的があります。関連会社に足りない人材を送って支援する、あるいは、社員に自社ではできない仕事や経験をさせる、つまり、社員のキャリアアップに役立てようとする、といったねらいがあります。出向に対して、今の職場で適切な仕事がないため、他社に行かされるという悪い印象を持つ人もいますが、条件を理解したうえで、いい意味での出向ととらえて活躍してください。

2. 派遣先・出向先のマナーとルール

1 初日のあいさつ

派遣先・出向先では、最初の出勤日に、朝礼などで部署の社員に紹介してもらうことが一般的です。**自己紹介**をするときは、あまり長く話す必要はありません。『5年間、システムエンジニアとして仕事をしています。今年の3月までは、百貨店の顧客管理システムの基本設計を担当していました』のように、以前していた仕事などについて少し話すといいでしょう。

仕事の経験が長く、自信を持っている人もいるでしょう。しかし、新しい職場での経験はゼロですから、**新たに仕事のやり方を教えてもらうという気持ち**を忘れないでください。自己紹介の最後にも、『いろいろ教えていただくこともあるかと思いますが、どうぞよろしくお願いいたします』のようなことばを加えましょう。

2 仕事の進め方

派遣であっても、出向であっても、自分の仕事について指示をするのは、派遣先・出向先の上司です。このため、「前の職場の上司には、こう言われていた」「以前はこういうやり方をしていたから、これでいい」といった考え方は認められません。以前、経験した進め方のほうがいいと思ったときは、現在の派遣先・出向先の**上司に提案**してみましょう。どれほどいい方法であったとしても、**指示をした上司の許可なく勝手に変えてはいけません。**

3 新しい職場での過ごし方

今までと違う仕事を覚えるのは、大変なことです。同じ仕事であっても、会社によって進め方が違うため、とまどうことがあるでしょう。しかし、いろいろな職場を経験することは、決して無駄にはなりません。多くの職場を知ることで、さらにいい方法を見つけることができるはずです。

また、新しい職場で改めて人間関係を作っていくことにも苦労があるでしょう。しかし、仕事の方法と同じように、**より多くの人と知り合えるよい機会**と考えて、新しい人たちとの出会いを楽しんでください。

1. あなたの国から来日したばかりの後輩に、「派遣のいい点・注意したほうがいい点」について、説明しましょう。

....

....

....

....

2. あなたの国から来日したばかりの後輩に「出向のいい点・注意したほうがいい点」について、説明しましょう。

....

....

....

....

....

3. 派遣先で、最初の出勤日にあいさつをすることになりました。次の①～④のうち、ふさわしいあいさつの内容を選んでください。

① 今まで、どのような学校でどのような勉強をしてきたのか、また、どのような仕事をしてきたのか話す。自分の実力をわかってもらうために、有名な大学で勉強したことや、大きな会社で働く経験などは、特に詳しく話す。

② 今回の派遣先と同じ仕事をしていたのであれば、『わからないことがあったら、何でも聞いてください』と伝えておく。

③ 今回の派遣先が、自分より若い人が多い場合は、友人のような話し方であいさつをする。

④ 自己紹介のあとに、『いろいろ教えていただくこともあるかと思いますが、よろしくお願いします』と伝える。

解答　（　　　　　　　　　　　　　　　　　　　　　　　　　　　　　　　　　　　）

お茶の出し方・飲み方

　訪問してくれたお客さまに食べ物や飲み物を出したり、心をこめてお世話をしたりすることを「もてなす」といいます。お客さまに「おもてなし」の気持ちを表すために、お茶やお菓子などを出すことがあります。

1. お茶を出すとき

　近年、葉と湯を急須に入れてお茶を作って出す以外に、ペットボトル入りの飲み物などを出す会社が多くなっています。専門の部署に頼む会社もあり、お茶の出し方はさまざまです。「お茶」といっても、温かい緑茶だけでなく、コーヒー、紅茶など、ほかの飲み物を出すこともあります。お茶を出す場合は、お客さまから先に出しますが、お客さまの中でも上位の人から順番に出します。茶托の上に湯飲み（蓋付きの場合は蓋をしたもの）をのせ、『どうぞ』『失礼します』などとひと声かけてから、飲む人の右側に置きます。書類の上などにのせないように、相手のじゃまにならないところに静かに置きます。

2. お茶を飲むとき

　お茶を出されたとき、相手から『どうぞ、お飲みください』とすすめられたら、『いただきます』『頂戴します』と言っていただきましょう。上司や先輩が同席している場合は、自分より目上の人たちが飲み始めてから飲みましょう。お茶を飲むとき、茶托は机に置いたままで、持ち上げないようにします。蓋付きの湯飲みでお茶が出された場合は、右手で蓋を開け、裏返しにして茶托に蓋を差し込んで右側に置きます。飲み終わったら、蓋を湯飲みに戻します。

3. お茶菓子を出すとき

　お茶と一緒にお菓子を出すこともあります。お客さまが、手土産として持ってきてくれたお菓子をその場で一緒に食べるときは、『おもたせで失礼ですが』と言って出します。これは、本当ならこちらで用意しなければならないのに、いただいたものをそのまま出してすみませんという意味です。

ビジネスのスキル

1 お客さまと敬語で話したのですが……
（敬語の使い方）

「自分なら、どう思いますか？　どうしますか？」

　今日、お客さまに書類を渡したとき、『どうぞ拝見してください』と敬語を使ったところ、あとで、同席していた先輩に、『お客さまに「拝見してください」はダメですよ』と言われました。「拝見します」は敬語ではないのでしょうか？

クイズに答えましょう

問題　次の①～③の（　　　）の中に入るのは、A～Cのどれでしょうか。

　敬語は、おもに①（　　　）②（　　　）③（　　　）の3つに分けられます。

　①（　　　）には、「～れる／～られる」「お～になる／ご～になる」「特別なことば」という、3つの種類があります。②（　　　）には、「お～する／ご～する」「特別なことば」という、2つの種類があります。③（　　　）は、「～です・～ます」の形です。

A：丁寧語　　　　B：尊敬語　　　　C：謙譲語

答え　①（　　　　　　　　　　）　②（　　　　　　　　　　）　③（　　　　　　　　　　）

1. 敬語の役割

　敬語は、日本社会での人間関係作りのうえで、非常に大切な役割をしています。

　敬語は、相手とどれくらい親しいかという**関係の距離**❽、年齢・地位・経験などの**社会的立場の差**によって、使い分けられています。敬語は、相手に**配慮**したことばであり、敬語を使うとコミュニケーションがうまくいきます。一方、敬語を使われると距離を感じるということもあります。相手との親しさに応じても、使い分ける必要があります。❽

2. 敬語の基本
●敬語の例●

辞書形	尊敬語	謙譲語
いる	いらっしゃる	おる
行く	いらっしゃる	参る／うかがう
来る	いらっしゃる	参る／うかがう
食べる	召し上がる	いただく
言う	おっしゃる	申す
見る	ご覧になる	拝見する
聞く	お聞きになる	うかがう
飲む	召し上がる	いただく
知っている	ご存知である	存じておる／存じ上げておる
する	なさる	いたす
もらう	お受け取りになる	いただく／頂戴する／拝受する

3. 敬語の使い方の基本

　敬語は、**自分のグループ（ウチ）のソトの人に対して使う**ものです。ソトの人のことは尊敬語、ウチの人のことは謙譲語を使います。❽

　たとえば、**電話**※では、次のように敬語を使い分けます。
●電話の例●

あさひ商社：『はい、あさひ商社でございます』
ゆうひ物産：『私、ゆうひ物産の池田と申します。いつもお世話になっております』
あさひ商社：『こちらこそ、いつもお世話になっております』
ゆうひ物産：『恐れ入りますが、営業部の田中課長はいらっしゃいますで

❽ 人間関係の距離を親疎といいます。親は近く、疎は遠いことを意味します。

❽ 親しい人に、「自分が怒っている」ことを表すために、わざと敬語を使うこともあります。

❽ ウチとソトの関係については、第4章第1節で詳しく説明しています。

※電話
第5章第7節・第5章第8節で詳しく説明しています。

しょうか』

あさひ商社：『あいにく、田中は、ただ今、外出しております』

ゆうひ物産：『そうですか。それでは、また、改めてお電話いたします』

　田中課長はゆうひ物産にとってはソトの人であるため課長という敬称を使います。一方、あさひ商社にとってはウチの人であるため、ソトのゆうひ物産の人に対しては、敬称を使わず「田中」と言います。

4.「お」「ご」の付け方

　基本的には、漢字の熟語のことばの前には「ご」、和語でひらがなのことばの前には「お」を付けます。また、カタカナのことばの前には、基本的に「お」も「ご」も付けません。

（例）×おビール、×おジュース

5. 二重敬語

　「尊敬語＋尊敬語」「謙譲語＋謙譲語」のようになっている表現のことを、二重敬語といいます。基本的には、敬語としては間違った使い方です。

　たとえば、「お召し上がりください」は、よく聞く表現ですが、「食べる」の尊敬語「召し上がる」に「お〜ください」の敬語表現が重なっているため、二重敬語になります。「食べてください」の正しい尊敬語は、「召し上がってください」「お食べになってください」です。

　しかし、二重敬語は、日本語のテストでは間違いとされますが、日本語の会話の中では定着した表現も多くあります。「お召し上がりください」は、間違った敬語だから使ってはいけないとは言い切れません。二重敬語は、相手に対しての尊敬の気持ちが強いからこその表現ともいえます。ことばづかいよりも、相手への気持ちを大切にしましょう。

1. 次の①～④の文章について、A・Bのうち、正しいことばを選んでください。

① 明日の午前中は、自宅には（A：いたしません／B：おりません）。

② はじめまして。アメリカから参りましたスミスと（A：申します／B：申し上げます）。

③ 私は来週、仕事で京都に（A：うかがいます／B：参ります）。

④ 昨日の会議についてご報告（A：いたします／B：申します）。

2. 次の①～③の（　　　）の中のことばを尊敬語（お～になる）に変えてください。

① （帰った）　　田中：『佐藤さんはどこですか』

　　　　　　　　木村：『ああ、佐藤さんはもう（　　　　　　　　　　　　　　　）よ』

② （申し込んだ）田中：『ジョンさんが、会社の日本語研修に興味がありそうでしたよ』

　　　　　　　　木村：『先ほど（　　　　　　　　　　　　　　　　　　　　　）よ』

③ （集まった）　田中：『そろそろ会議の時間ですね』

　　　　　　　　木村：『そうですね。参加者はもう（　　　　　　　　　　　）よ』

3. 次の①～⑦の（　　　）の中のことばを尊敬語（お～ください／ご～ください）に変えてください。

① （待つ）→　『ここで（　　　　　　　　　　　　　　　　　　　　　　　　）』

② （降りる）→　『次の駅で（　　　　　　　　　　　　　　　　　　　　　　）』

③ （読む）→　『この説明書を（　　　　　　　　　　　　　　　　　　　　　）』

④ （連絡する）→　『いつでも（　　　　　　　　　　　　　　　　　　　　　）』

⑤ （入る）→　『恐れ入りますが、靴をぬいで（　　　　　　　　　　　　　　）』

⑥ （取る）→　『カタログは、ご自由に（　　　　　　　　　　　　　　　　　）』

⑦ （記入する）→　『まず、こちらの申込書に（　　　　　　　　　　　　　　）』

4. 次の①～③の（　　　）の中のことばを謙譲語に変えてください。

① （もらう）　　部長：『おいしそうなお菓子だね』

　　　　　　　　部下：『昨日、社長から（　　　　　　　　　　　　　　　　　）』

② （いる）　　　課長：『ヤンさん、明日はどこかに出かけますか』

　　　　　　　　ヤン：『いいえ、明日は1日中社内に（　　　　　　　　　　　）』

③ （説明する）　課長：『誰かこの機械のことわかる？』

　　　　　　　　部下：「はい。私が（　　　　　　　　　　　　　　　　　　　）』

2 いろいろな日本語の表現を見ますが……（話しことばと書きことば）

「自分なら、どう思いますか？　どうしますか？」

会議の報告書を書きました。上司に提出すると、「『です、ます』じゃなくて、『だ、である』を使ってください。学生の作文のようですよ」と言われました。「です、ます」のほうが丁寧なのではないでしょうか？

クイズに答えましょう

問題　次の文章の中で、「話しことば」はどれでしょうか。すべて選んでことばの下に線を引いてください。

　　今日の会議では、予算とか企画とか、まだ検討しなくちゃいけない問題について、たくさん議論した。これからまた、会議を何回もやっていかなくちゃいけない。いろんな意見をまとめて、どんな方法で予算内にこの企画を進めていくのか、とても難しそうだ。でも、みんなでがんばって、どういうふうにしたらいいか考えていきたいと思う。

1. 話しことばと書きことばの違い

　会社では、さまざまな場面で文章を書くことがあります。社会人らしい文章を書くためには、話しことばと書きことばをきちんと使い分ける必要があります。⊗

① 話しことばの特徴

　ふだん話しているときに使っていることばを、話しことばといいます。入力したものや手書きのものも、友人や家族に宛てたメッセージ（SNSやチャットなど）は、話しことばに含まれます。

② 書きことばの特徴

　丁寧で、かたい印象のあることばを、書きことばといいます。報告書・レポート、新聞・雑誌の記事は、書きことばが使われています。**漢語**※や熟語が多いのも、書きことばの特徴です。話しているときでも、講演会や公式の演説（スピーチ）では、書きことばが使われることがよくあります。

2. 話しことばと書きことばの使い方

① 文体の統一

　日本語の文章の形（文体）は、大きく分けると、「～である・だ体（常体）」と「～です・ます体（敬体）」があります。「～である・だ体」も「～です・ます体」も、書きことばとして使えますが、両方の文体が混ざった文章は正しくありません。必ず、「～である・だ体」「～です・ます体」のどちらかに統一して書くようにしましょう。

② 文章の種類と文体

　文章の種類によって、使う文体が異なります。大きく分けると、次のようになります。

●文章の種類●

種類	文体
個人的文章 （日記、手紙、メモなど）	・「～である・だ体」も「～です・ます体」も使える ・書く相手によって選ぶことができる
説明的文章 （新聞記事、報告書・レポート、小論文など）	・おもに「～である・だ体」を使う ・かたい表現や漢語が多く使われる
文学的文章 （小説、エッセイなど）	・「～である・だ体」も「～です・ます体」も使える ・人によって、さまざまな表現や書き方が使われる

⊗ 会社で書く文書については、第5章第5節で詳しく説明しています。

※漢語

日本に中国から入ってきた漢字のことで、読み方は「音読み」です。

第5章　ビジネスのスキル

153

文章を書くときは、**読むのは誰か**を考える必要があります。

個人的な手紙やメールでも、相手が誰かを考えて文体や表現を選んでいるはずです。仕事での手紙やメールでも、**書く目的と読み手**に配慮をした文章を心がけましょう。

3. カタカナことば

日本語の中には多くのカタカナことばがあり、仕事の場面でもたくさん使われています。カタカナことばは、外国から来たことばですが、発音の仕方が違ったり、省略された形になっていたりすることがあります。また、もとの意味とは少し違っていることもあります。このため、改めて日本語として覚えることが必要です。

●カタカナことばの会話例●⊗

同僚A：『金曜日のプレゼンの準備、もうできた？』

同僚B：『いや、まだなんだ』

同僚A：『そうなんだ。パワポ作るときは手伝うから言って』

同僚B：『ほんと？　助かるよ。別の仕事でちょっとトラブってさ』

同僚A：『え？　もしかして、X社とのコラボの件？』

同僚B：『そうなんだよ。後輩がデモ用の資料作ってくれたんだけど、ミスが多くてさ』

同僚A：『大変だね。ヘルプが必要なときはいつでも言ってよ』

同僚B：『ありがとう！　今日の午後はX社とアポがあったんだけど、資料が間に合わなくてリスケしたところなんだ。本当に助かるよ』

カタカナことばは、身内や特別な業界だけで使われているものもあります。このため、社外の人と話すときは使わないほうがいいこともあります。使い方のわからないものは、周りの人に聞いてみてください。

⊗ 会話例の中のカタカナことばは、次のことばから作られています。

- **プレゼン**：プレゼンテーション
- **パワポ**：パワーポイント
- **トラブる**：トラブル（最後を「る」にして日本語の動詞にした形）
- **コラボ**：コラボレーション
- **デモ**：デモンストレーション
- **ミス**：ミステイク
- **ヘルプ**：ヘルプ（「手伝う」の意味）
- **アポ**：アポイントメント（第4章第6節）
- **リスケ**：リスケジュール

⊗ 雑談については、第4章第3節で詳しく説明しています。

COLUMN

日本の地名

日本には、47都道府県があります。日本の都道府県名を知っていると、「木戸に立てかけし衣食住」の「住」としての雑談にも役立ちます。⊗

都道府県名は、名前の漢字を説明するときにも使われています。日本人であれば皆がよく知っている都道府県名を使って、『かがわです。香川県の香川です』のように言います。

1. 次の文章の下線の部分を、話しことばから書きことばに変えてください。

　今日の会議では、予算とか企画とか、まだ検討しなくちゃいけない問題について、たくさん議論した。これからまた、会議を何回もやっていかなくちゃいけない。いろんな意見をまとめて、どんな方法で予算内にこの企画を進めていくのか、とても難しそうだ。でも、みんなでがんばって、どういうふうにしたらいいか考えていきたいと思う。

① 今日⇒ ....

② とか〜とか⇒ ....

③ しなくちゃいけない⇒ ....

④ たくさん⇒ ....

⑤ これから⇒ ....

⑥ また⇒ ....

⑦ やっていかなくちゃいけない⇒ ....

⑧ いろんな⇒ ....

⑨ どんな⇒ ....

⑩ とても⇒ ....

⑪ でも⇒ ....

⑫ みんな⇒ ....

⑬ がんばって⇒ ....

⑭ どういうふうにしたらいいか⇒ ....

⑮ 考えていきたいと思う⇒ ....

2. 次の新聞記事を、敬体を使ったエッセイに書き変えてください。

　近年、年配者や年少者に対する犯罪が増加している。また、ネット社会と化した現代、あらゆるところに危険が潜んでいる。しかしながら、我々は、利便性を追求するあまり、「顔の見えない道具」に頼りつづけているのもまた事実である。年配者や年少者といった弱者をねらった犯罪を未然に防ぐためには、より相手の顔を見て、直接コミュニケーションを取ることが可能な社会への再転換が、今後の新時代に求められているのではないだろうか。

....

....

....

....

....

....

第5章

ビジネスのスキル

155

3 パソコンで入力したのですが……
（漢字の使い方）

「自分なら、どう思いますか？　どうしますか？」

今日、「さいとう」というお客さまにメールを送りました。「さいとうさま」と打ったら、「斉藤様」になったので、そのまま送りました。すると、ccで送った先輩に「さいとう様の漢字が違っていたよ」と注意されました。「さいとう」の漢字は「斉藤」ではないのでしょうか？

クイズに答えましょう

問題　「さいとう」にはいろいろな漢字があります。お客さまに漢字を聞いたところ、『「さい」は方角の「にし」、「とう」は「ひがし」です』と言われました。次のどれでしょうか。

① 齋藤　　② 斎藤　　③ 齊藤　　④ 斉藤　　⑤ 西藤　　⑥ 西東　　⑦ 斉東

答え（　　　　　　　　　　　　　　　　　　　　　　　　　　　　　　　）

理解しましょう

1. 人名に使う漢字

　日本語には、同じ音で読むのに意味が異なる**同音異義語**が多く、人名に使う漢字もさまざまなものがあります。

　取引先の担当者や担当者の上司の名前を間違えるのは、大変失礼なことです。電話で**伝言のメモを取る**※ときには、相手にどのような漢字を書くか、必ず確認します。また、メールなどの文書を送る前に、正しく漢字変換されているか、**必ず見直しましょう**。

※**伝言のメモを取る**
第5章第7節で詳しく説明しています。

●人名に使う同音異義語の例●

人名	漢字	人名	漢字
あべ	阿部・安部・安倍	なかやま	中山・仲山
いとう	伊藤・伊東	やまざき	山崎・山﨑
かわぐち	川口・河口	やまもと	山本・山元
たけだ	竹田・武田	わたなべ	渡辺・渡部・渡邊・渡邉

2. 同音異義語の例

【あく】開く：ドアや扉があいている／**空く**：席や場所があいている
（例）部屋のドアがあいているから、誰かいるようだ。（開く）
（例）この映画はとても人気があって、席が1つもあいていない。（空く）

【あやまる】誤る：間違える／**謝る**：謝罪する
（例）テストの日をあやまってしまった。（誤る）
（例）どんなにあやまっても、彼女は許してくれなかった。（謝る）

【こえる】超える：ある一定の基準や数量を上回る、程度が極端なもの／**越える**：ある地点や時のさかい目をまたがる、ある範囲や程度を上回る
（例）エレベーターは定員をこえると、ブザーが鳴る。（超える）
（例）問題を乗りこえたからこそ、今の幸せな生活がある。（越える）

【つとめる】務める：任務・役割をはたす／**勤める**：職につく、働く／**努める**：努力する、がんばる
（例）次のプロジェクトでリーダーをつとめることになった。（務める）
（例）この会社につとめて、3年目になった。（勤める）
（例）いつか結果を出すために、日々研究につとめている。（努める）

【なおす】直す：壊れた物をもとに戻す／**治す**：傷や病気を治療する
（例）パソコンが壊れたので、修理に出したらなおった。（直る）
（例）風邪がなおって、今日から学校に行くことができた。（治る）

【わかれる】別れる：さようならする／**分かれる**：1つのものが2つ以上

第5章　ビジネスのスキル

になる

（例）昨夜、友人と<u>わかれた</u>あと、１人でラーメンを食べて帰った。（別れる）

（例）道が２つに<u>わかれて</u>いて、どっちに行ったらいいか迷った。（分かれる）

【あたたかい】暖かい：気温や気候があたたかい／温かい：物の温度や体温があたたかい

（例）春になると<u>あたたかく</u>なり、いろいろな花が咲き始める。（暖かい）

（例）今日は寒いので、<u>あたたかい</u>物が飲みたくなる。（温かい）

【はやい】早い：時間の流れがはやい／速い：動作や動きがはやい

（例）いつもより<u>はやく</u>出勤することにした。（早い）

（例）彼は歩くのが<u>はやくて</u>、追いつくことができない。（速い）

【やさしい】優しい：心や性格がやさしい／易しい：問題などが簡単である

（例）彼はとても<u>やさしい</u>性格で、困っている人をいつも助けている（優しい）

（例）今回のテストは<u>やさしかった</u>から、きっと満点だ。（易しい）

【いがい】以外：あるものをのぞくこと／意外：思いがけないこと

（例）私<u>いがい</u>の全員が大学生だった。（以外）

（例）<u>いがい</u>なことに、彼女は本気で外国に住みたいらしい。（意外）

【かわり】代わり：ある役割をほかの人がすること／変わり：ある状態が別のものに変化すること／替わり：入れ替わること

（例）高校の学校公開日に、姉が母の<u>かわり</u>に出席した。（代わり）

（例）緑だった葉の色がすっかり<u>かわり</u>、もう秋の色になっている。（変わり）

（例）米がなくなったので、ごはんの<u>かわり</u>にパンを食べた。（替わり）

【かんしん】関心：興味があること／感心：すごいと思うこと

（例）私は動物にはあまり<u>かんしん</u>がない。（関心）

（例）小さい子どもが１人で電車に乗っているのを見て<u>かんしん</u>する。（感心）

【ふくしゅう】復習：学習を振り返ること／復讐：仕返しすること、リベンジすること

（例）授業のあとは、<u>ふくしゅう</u>が大切だ。（復習）

（例）相手に<u>ふくしゅう</u>したいなんて、考えてはいけない。（復讐）

【まわり】周り：あるものを囲んでいること（名詞のように使う）／回り：まわること（動詞のように使う）

（例）池の<u>まわり</u>に花が咲いている。（周り）

（例）道に迷って、同じところをぐるぐると<u>まわった</u>。（回り）

1. お客さまから電話を受けました。名前を聞くと、『やまもとです』と言われました。どのような漢字を書くかを聞くと、「ヤマはフジサンのヤマ、モトはゲンキのゲンです」と説明されました。どのように書くか、考えて答えてください。

解答（　　　　　　　　　　　　　　　　　　　　　　　　　　　　　　　　）

2. 自分の名前は、黄文力（コウブンリキ）です。日本人に電話をかけたとき、相手に自分の名前の漢字を説明します。どのように伝えるか、考えて答えてください。

『...

....

....』

3. 次の①～⑩文章の下線の部分を、正しい漢字にして（　　　　）に入れてください。

① 取引先に、課長と納品ミスの件であやまり（　　　　　）に行った。

② この文章は、あやまり（　　　　　　　）があまりにも多く、修正が大変だ。

③ 難しい案件だと思ったが、いがい（　　　　　）な人の助けによりうまくいった。

④ 仕事いがい（　　　　　　）の場所では、パソコンはほとんど使わない。

⑤ おかげさまで、風邪もなおり（　　　　　　）、すっかり元気になりました。

⑥ 壊れたスマートフォンがなおる（　　　　　）までには、相当時間がかかると言われた。

⑦ 残業時間は、月45時間をこえて（　　　　　）はいけないそうだ。

⑧ 今回の案件には、かんしん（　　　　　）があります。ぜひ、チームに参加させていただきたいです。

⑨ 来週の金曜日の夜はあいて（　　　　　）いますか。懇親会を開きたいと思っています。

⑩ いつもお世話になっております。担当の山田にかわり（　　　　　）ご返信しております。

4 お客さまにメールであいさつをしましたが……（ビジネスメールの形式）

「自分なら、どう思いますか？　どうしますか？」

初めてお客さまにメールを送りました。敬語を使って丁寧な文章で書くことができたと思います。しかし、CCで送った先輩に、『お客さまに送るメールに、「お疲れ様」はダメですよ！』と注意されました。

先輩には、いつも「お疲れ様です」と書いて送っているのですが、お客さまには何と書けばよかったのでしょうか？

クイズに答えましょう

問題　次の①～③は、メールの件名としては適切ではありません。どこが問題なのでしょうか。

①はじめまして

答え：

②納期の件

答え：

③次回の会議の日程が5日午後2時から6日午後3時に変更になりました。

答え：

1. ビジネスメールの特徴

　正式なお知らせ（通知）は、**文書**[※]を使いますが、日常の業務では、メールを使うことが多くなっています。文書を送るより**早く相手に読んでもらえる**、**電話をかける**[※]のとは違い**時間を気にせずに送ることができる**、また、**記録が残る**という点で便利なものです。しかし、相手がきちんと読んでいるかわからないという欠点もあります。

　自分がメールを受け取ったときは、相手の人のために、なるべく早く返信するようにしましょう。メールの用件に返信の必要がないときも、受け取ったことをメールなどで伝えましょう。

2. ビジネスメールのルール

　ビジネスメールの形式のルールは、次のとおりです。

1 あいさつ

　メールの最初にあいさつの文章を書きます。**社内メール**では、「**お疲れ様です**」を使う会社が多いようです。一方、**社外メール**では、「**お世話になっております**」が一般的です。メールの場合、社外メールであっても、ビジネス文書のような長いあいさつ文を書く必要はありません。

　あいさつのことばは、会社の習慣によって違うため、先輩や上司に聞いておいてください。

2 文体[※]

　メールでは、「〜である・だ体」ではなく、「**〜です・ます体**」で書きます。

　ただし、仕事上のメールは、ビジネス文書と同じように、「やっぱり」といった話しことばではなく、「やはり」というように、**書きことばを使っ**てください。

3 用件

　忙しい人がひと目でわかるように、用件は**箇条書き**[※]にするといった工夫をしてください。

3. ビジネスメール作成の注意点⊗

1 件名

　仕事では、毎日たくさんのメールを受け取ります。このため、件名を見て、重要なものから読む人も多くいます。つまり、相手がメールを開かなくても、どのようなことが書いてあるかがわかるような件名を付けることが重要です。ただし、長すぎる件名は、ひと目で全部読めないことがある

※文書
第5章第5節で詳しく説明しています。

※電話をかける
第5章第8節で詳しく説明しています。

第5章　ビジネスのスキル

※文体
第5章第2節で詳しく説明しています。

※箇条書き
長い文章で説明するのではなく、大切な項目を単語や短い文でまとめる書き方のことです。

⊗ ビジネスメールの書き方については、第5章コラム「メールの書き方の例」を参考にしてください。

ため、**20文字ぐらいまでにまとめましょう。**

② 配置

　メールは、受け取る人の使っている環境によって、送った人とは違って見えることがあります。形がくずれて読みにくくなるのを防ぐために、すべての文章を左寄せに配置します。ビジネス文書では、自分の名前を右寄せにして書きますが、メールでは、**自分の名前や所属（署名）も左寄せ**にします。

③ 文字化け

　自分のパソコンではきちんと見えている文字が、相手のパソコンでは違う記号や文字になってしまうことを、文字化けといいます。「（株）」などの省略文字や「①」などの丸付き数字、「Ⅳ」などのローマ数字などは、文字化けする可能性がありますので、使わないほうがいいでしょう。

④ 送信先

　メールを送る前には、必ず送信先を確認しましょう。間違った相手に送ってしまっても、取り返すことはできません。⊗

4. SNS（Social Networking Service）との違い

　近年は、個人的な連絡は、パソコンメールより、SNS などでやり取りすることが多いかもしれません。SNS に慣れていると、次のようなミスをすることがあります。

① 相手の名前の抜け

　SNS では、わざわざ相手の名前を書かないことが多くみられます。しかし、ビジネスメールでは、最初に、「ABC 株式会社　川田花子 様」のように、送る相手の名前を書きます。**用件だけが書かれているメールは、大変失礼**な印象を与えます。

② 自分の名前の抜け

　ビジネスメールでは、「株式会社東京物産の山田です」のように、必ず自分の名前を書きます。

　自分の名前など送信者の情報は、メールの最後に署名として入れるのが一般的です。署名の内容は、会社の習慣によって違います。また、社内メールか社外メールかによっても違うことがあります。

　社外メールには、会社名や会社の URL など、社内メールよりも多くの情報を入れることがあるため、先輩や上司に聞いておいてください。

③ 改行・段落の不使用

　パソコンの画面で見ると、行や段落を変えていない文章は、非常に読みにくいものです。「、」「。」や「が」「を」などの**文の切れ目で改行**したり、**内容ごとに段落分け**したりしましょう。段落と段落の間は 1 行空けると見やすいです。

⊗ 送信先の使い方は、次のとおりです。

・TO：メールを送る相手のアドレスを入れます。

・CC：Carbon Copy の略です。「写し」ともいいます。念のために見ておいてほしい人に送るとき使います。メールの最初に、「〇〇 様 CC：▲▲ 様」と書いて送ることもあります。

・BCC：Blind Carbon Copy の略です。BCC に入れたアドレスは、TO や CC の人には見えないため、BCC の人に送っていることを知られたくない場合や、社外の複数の人に同時に送る場合などに使います。

1. あなたの国から来日したばかりの後輩に、「ビジネスメールが文書や電話に比べて便利な点・気をつけたほうがいい点」について説明しましょう。

....

....

....

....

....

2. SNS に慣れている人たちが気をつけなければならない点について、考えて答えてください。

....

....

....

....

....

3. 次の文章を読んで、（　　）の中に、正しいものには○を、間違っているものには×を入れてください。

① ビジネスメールとビジネス文書とでは、ビジネスメールのほうが正式なものである。　（　　）
② 社外メールでのあいさつは、「お疲れ様です」を使う。　　　　　　　　　　　　　　　（　　）
③ 「Ⅰ」「Ⅱ」などのローマ数字は、文字化けすることが多いので使わないほうがいい。（　　）
④ メールの文章では、「〜である・だ体」を使う。　　　　　　　　　　　　　　　　　　（　　）
⑤ メールの件名は、内容がわかるようにできるだけ長く書いたほうがいい。　　　　　　（　　）

4. 次の内容のメールには、どのような件名を付けますか。考えて答えてください。

> 営業部各位
>
> お疲れ様です。中川です。
> 3月5日に行われる第3回営業会議の場所が
> 第2会議室から第1会議室に変更になりました。……

件名：..

5 お客さまに手紙を書くことになりましたが……（ビジネス文書の形式）

「自分なら、どう思いますか？　どうしますか？」

取引先に展示会の案内を出すことになりました。正式なものなので、メールではなく文書で出すそうです。ビジネス文書を作るのはこれが初めてです。どう書けばいいのでしょうか？

■ クイズに答えましょう

問題　次の①〜③は、ビジネス文書の宛て名としては適切ではありません。どこが間違っているのでしょうか。正しく書き直してください。

① ABC 株式会社　様

答え：

② 東京商事　御中
　　人事部長　鈴木　隆　様

答え：

③ 各位殿

答え：

1. ビジネス文書の特徴

ビジネス文書の作成と聞くと、大変難しい仕事のように思うかもしれません。しかし、ビジネス文書には、書式（フォーマット）があり、書式に従って作成すればいいのです。たとえば、**日付を書く場所、相手の会社名と名前を書く場所、自分の会社名と名前を書く場所**などが決まっています。このため、まず、書式の内容を知ることが重要です。

多くの会社では、内容に応じた書式が用意されています。会社によって、書き方が違うこともあります。自分の会社でどのような書式が使われているのか、どのようなことばが使われているのか、先輩や上司が作成している文書や自分が受け取った文書を確認しておいてください。❖

2. ビジネス文書の種類

ビジネス文書、特に、社外文書には、ふだん使わないような難しいことばもあります。1つひとつのことばの意味をすべて理解できなくても、まずは書式を覚えて、それぞれどのようなことばを入れればよいのかを理解することが大切です。

1 社内文書

基本的な書式に従って作成します。社内文書には、企画書、報告書、議事録などがあります。

2 社外文書

基本的な書式は社内文書と同じですが、より丁寧なことばで作成します。また、季節のあいさつや相手のことを気づかうことば、感謝のことばなどが加わります。社外文書には、案内状やあいさつ状などがあります。

3. ビジネス文書作成の注意点

1 書式

社内文書と社外文書には、それぞれ別の書式が使われます。

2 表題

ビジネス文書には、表題（タイトル）を入れます。このため、表題以外の内容は書かないようにします。通常、**1つの文書には1つの用件を書き**ます。

3 あいさつ

社外文書には、社内文書にはない丁寧なあいさつが多く使われます。しかし、決まった表現があるため、自分で考える必要はありません。❖

❖ ビジネス文書の書式をインターネットで検索すると、多くの見本が出てきます。会社に書式が用意されていない場合は、見本を参考にしながら、作成するとよいでしょう。ただし、ほかの人が用意したものは、権利（著作権）の問題がありますので、そのまま使ってはいけません。また、インターネットからのダウンロードなどは、ウイルス感染の可能性もあるので、十分に注意してください。

❖ 決まった表現として、次のような例があります。

・**季節のあいさつ**：早春の候、初秋の候

・**相手を気づかうことば**：貴社ますますご清栄のこととお慶び申し上げます。

・**感謝のことば**：平素は格別のお引立てを賜り厚く御礼申し上げます。

※文体
第5章第2節で詳しく説明しています。

※箇条書き
第5章第3節で詳しく説明しています。

※元号
日本で使われている年の数え方で、和暦とも呼ばれます。「昭和」「平成」「令和」などがあります。最近は、天皇が替わるときに新しい元号がつけられています。

※西暦
世界中で使われている年の数え方で、「2020年」などです。

❊「様」「殿」「御中」などの使い方については、第5章第6節で詳しく説明しています。

4 文体※

必ず、「～である・だ体」「～です・ます体」のどちらかに統一して書くようにしましょう。また、話しことばではなく、書きことばを使います。次のような例があります。

（例）・今日　→　本日　　・この間　→　先日

5 用件

読みやすくするために、用件は箇条書き※にします。たとえば、会議の日時や場所などは、文章で書くと読みにくいため、次のように書きます。

・日時：12月2日（火）10時～11時
・場所：本社ビル2階　203会議室

●書式の例●

①日付
②受信者名
③発信者名
④表題
⑤本文
⑥記
・箇条書き
⑦以上

① 元号※か西暦※のどちらかで書きます。同じ文書の中では統一します。
②③ 社内文書では、部署名、肩書きを入れます。社外文書では、正式な会社名、部署名、肩書きなども入れます。宛て名が個人のときは「様」や「殿」を使い、会社や部署のときには「御中」を使います。❊
④ 何についての文書なのかわかりやすい表題を付けます。
⑤ 社内文書では、すぐに用件を書きますが、社外文書では、あいさつの文を書きます。
⑥ 箇条書きにするときは、行の中央に「記」と書いて、その下にまとめます。
⑦ 文書の最後に「以上」と書きます。

6 確認

慣れないうちは、文書を作成したら、送る前に先輩や上司に確認してもらいましょう。確認を繰り返すうちに、少しずつ自信を持って文書作成ができるようになるはずです。

1. 次の①～⑧の（　　）の中に入ることばを、A～Hから選んで入れてください。

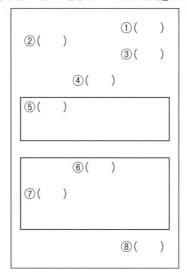

A：定例会議のお知らせ　　　　B：202X 年９月15日　　　C：記　　　　D：以上
E：営業部　パク ヨナ　　　　F：…下記のとおり定例会議を開催します。
G：日時：９月27日（水）14:00～15:00
　　場所：営業部第１会議室
H：経理部　部長
　　田中次郎　殿

2. 次の文章を読んで、（　　）の中に、正しいものには○を、間違っているものには×を入れてください。
① 文書を作るときは、ほかの人とは違う書式を使ったほうがいい。 （　　）
② 社外文書には書式があるが、社内文書には書式がない。 （　　）
③ 読みやすくするために、箇条書きにするといい。 （　　）
④ 1つの文書の中の文体は、同じもので統一する。 （　　）
⑤ ビジネス文書の書式は１つしかない。 （　　）

3. 次の文章を箇条書きに直してしてください。
　健康診断は、５月15日の金曜日、午前９時半から午後４時までです。場所は、６階の健康相談室です。受けたい人は、５月８日の金曜日までに総務部の田中にメールで申し込んでください。

....

....

....

6 書類を送るように頼まれましたが……
（はがきと封筒の使い方・書き方）

「自分なら、どう思いますか？　どうしますか？」

今日、先輩に、『この書類、郵便で送っておいて。切手は総務部からもらってね』と言われました。私は、日本へ来てから、一度も郵便を出したことがありません。住所や名前を書く位置や書き方は、私の国と同じなのでしょうか？　それに、切手は何をもらえばいいのでしょうか？

クイズに答えましょう

問題　次の①〜⑤のうち、会社宛てに手紙を出すとき、宛て名に付けることばはどれでしょうか。

① 様

② 殿

③ 先生

④ 御中

⑤ 各位

答え（　　　　　　　　　　　　　　　　　　　　　　　　　）

理解しましょう

1. はがきの書き方

　はがきは、表に受け取る人の名前、住所などの**宛て名**を書きます。また、表の左下、または、裏の最後に送り主（差出人）の名前や住所を書きます。

　裏は、内容（メッセージ）を書きます。縦書きでも横書きでも問題ありません。しかし、表を縦書きにしたら裏も縦書きにするなど、**統一すると受け取った人が読みやすい**と感じます。

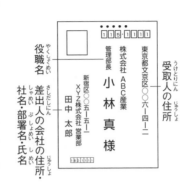

2. はがきの書き方の注意点

　受け取る人の名前は、**中央に大きめの字**で書きます。受け取る人の住所は右から書きますが、**名前より小さめの字**で書きます。受け取る人の会社に送る場合は、**会社名・部署名を住所と名前の間**に書きます。

　全体の字の大きさや見た目を考えて書きましょう。

3. 封筒の書き方

　基本的な書き方は、はがきの表面と同じですが、差出人の名前と住所は、封筒の裏面に書くことが多いです。

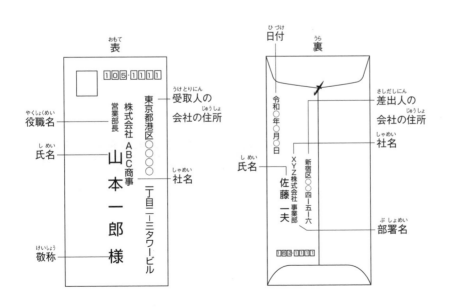

4. 封筒の書き方の注意点

　メールでは失礼と感じられる文書は、封筒に入れた手紙（封書）で送ります。たとえば、「お礼状」「招待状」「案内状」「わび状」などがあります。その際、相手の会社の名前は**省略せずに、正式に書く**ことが大切です。（株）と省略するのではなく、「株式会社」と書きましょう。なお、「株式会社」が、会社名の前に入るのか後ろに入るのか、きちんと確認してから書きます。「株式会社HIJ」と「HIJ株式会社」では、違う会社になります。

　相手の会社や担当者の名前などを間違えると、大変失礼です。書き間違えないよう、十分注意しましょう。書き間違えた場合は、修正液を使って直すのではなく、必ず、**新しい封筒に書き直し**をします。

　また、鉛筆やシャープペンは、字が消える可能性があるため、使ってはいけません。基本的には、**黒のボールペンやサインペン**を使います。⊗

　なお、封筒の表の左下に、封書の中身がどのようなものかがわかるように、「請求書在中」などと書いておくと、相手への配慮となります。

⊗ 消せるボールペンは便利ですが、正式な文書には使えません。また、青や紺色のペンを使うこともありますが、ビジネス文書では黒が一般的です。

●敬称の種類●

敬称	使い方
様	・目上・目下の区別なく使える ・仕事だけでなく、日常的にも使われる
殿	・おもに社内文書や公用文などに使われる ・一般的に、目上から目下に向けたことばとされ、お客さまには使わない
先生	・大学の教授や学校の先生、弁護士など「士」がつく職業の人に使う ・「先生」だけで敬称になるため、「先生様」は間違い
各位	・「みなさま」の意味を持つため、「各位様」「各位殿」などは間違い ・封書の宛て名には使えず、「●●家の皆様」と書く
御中	・部署や会社など、組織に使う

COLUMN

頭語と結語

　はがきや手紙の本文を書く際に、頭語と結語を書く場合があります。頭語は始めのあいさつ、結語は最後のあいさつです。話しことばの「こんにちは」と「さようなら」の意味になります。相手や内容によって、右の表のようなさまざまな表現があります。

（例）

使い方	頭語	結語
一般的なあいさつ	拝啓	敬具
改まった手紙	謹啓	謹白
返信	拝復	敬具
再信	再啓	敬具
略式の手紙	前略	草々

1. 次の①②宛てにはがきを出すとき、宛て名の後ろに付けるものをA〜Dから選んで（　　　）
の中に入れてください。
① 相手の会社の担当者（　　　）
② 相手の会社の部署名（　　　）

A：様　　B：殿　　C：各位　　D：御中

2. 次の①〜⑩の（　　）の中に入る内容を、A〜Jから選んで入れてください。

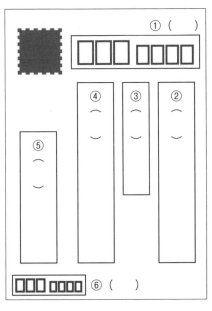
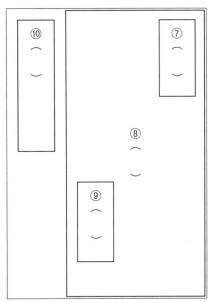

A：相手の郵便番号	F：相手の会社名・部署名
B：自分の郵便番号	G：本文
C：相手の住所	H：拝啓
D：自分の住所と名前	I：日付
E：相手の名前	J：敬具

3. 次の①〜④と一緒に使うことばをA〜Cから選んで線で結んでください。A〜Cは、2つ以
上のことばと結ばれるものもあります。

① 拝啓　・
② 拝復　・
③ 謹啓　・
④ 前略　・

・A：草々
・B：謹白
・C：敬具

第5章　ビジネスのスキル

171

7 電話に出るときのあいさつですが……

（電話を受けるとき）

「自分なら、どう思いますか？　どうしますか？」

職場の人の電話の応対を聞いていて、気づいたことがあります。

日本語の本を読んでいると、電話の最初に「もしもし」ということばが出てくるのですが、実際には、『もしもし』と言っているのを聞いたことがありません。「もしもし」は、いつ使うことばなのでしょうか？

クイズに答えましょう

問題　電話を受けましたが、相手の名前が聞き取れません。聞き直しましたが、やはり聞き取れません。何と言えばいいでしょうか。

① 『申し訳ありません。もう一度、はっきり言っていただけますでしょうか』
② 『わかりませんので、ほかの者に替わります。お待ちください』
③ 『申し訳ありません。お電話が少し遠いようなんですが』

答え（　　　　　　　　　　　　　　　　　　　　　　　　　　　　　）

1. 電話を受ける心がまえ

　自分が受ける電話には、社外からのもの（外線）と社内からのもの（内線）があります。一般的に、電話の着信音などで区別されているため、**社外・社内に合わせた応対**ができるようにして電話に出ましょう。⊗

2. 電話を受ける準備

　電話はいつ、誰からかかってくるかわかりません。ふだんから、次のような準備はしておくようにしましょう。

① メモと筆記用具

　電話がかかってきたとき、すぐにメモが取れるように、電話の近くには**紙と筆記用具**を用意しておきましょう。

② 担当者のリスト

　新入社員にとって一番難しいのは、**電話の相手の会社名や名前を聞き取る**ことです。取引先の会社や担当者のリストがあれば、時間があるときに目を通しておきましょう。電話がかかってくる可能性のある会社名や担当者名が記憶されていると、電話がかかってきたときにも聞き取りやすくなります。

3. 電話の取次ぎ

　社外電話は、次の手順で応対します。⊗

① 電話に出る

　着信音が鳴ったら、**3回以内に出るように**します。4回以上鳴ってしまった場合は、まず、『お待たせいたしました』ということばを伝えます。⊗

② 会社名を名乗る

　一般的には、会社名と部署名を名乗ることが多いですが、自分の名前まで名乗る会社もあります。

　また、名乗る前に、午前10時くらいまでは『おはようございます』と言うことがあります。また、『いつもありがとうございます』『お電話ありがとうございます』と言う会社もあります。会社の習慣に従ってください。

③ 相手を確認する

　相手が名前を言ったときは、『○○様ですね』と**復唱**します。また、相手が名前を言わないときは、『失礼ですが、どちら様でいらっしゃいますか』と聞きます。

④ あいさつをする

　社外へのあいさつは、『いつもお世話になっております』が一般的です。

⊗ 仕事で携帯電話を使っている人は、会議中や他社を訪問中には着信音が鳴らないように、マナーモードに設定しておきましょう。

⊗ 社内電話の場合は、会社名は言う必要はなく、部署名から言います。自分の名前を言うかどうかは、職場によって違います。また、社外電話では、『お世話になっております』というあいさつが一般的ですが、社内電話では、『お疲れ様です』などのあいさつをする会社もあります。社内のあいさつのことばなどは、自分の会社の慣習を確認しておきましょう。

⊗ 1回鳴り終わらないうちに出ると、急すぎて相手が驚くため、1回は鳴り終わるのを待ちます。

⊗ 敬称の注意については、第4章第1節・第5章第1節で詳しく説明しています。

⊗ 間違いを防ぐため、たとえば、「7時」は「ななじ」と言い変える、午前か午後かがわかりにくいときは、「8時」だけでなく、「午前8時」「午後8時」「20時」などと言うようにします。

⊗ 最近は、従業員1人ひとりが携帯電話を持つ会社も増えています。全員が携帯電話を使用する会社では、取次ぎをしたり、伝言を受けたりすることはほとんどありません。会議中などは、各自の電話の留守番電話に伝言を残してもらうようにしていることもあります。自分の会社の慣習を確認しておきましょう。

5 話したい相手を確認する

　相手が『○○さん、お願いします』と言ったら、『○○でございますね』と名前を確認してから、『少々お待ちください』と伝えます。このとき、自分の会社の人を『○○さん』などと言わないように注意しましょう。⊗

　このあと、電話を「保留」にして、相手が話したい人を呼び出します。

4. 伝言の受け方

　相手の人が話したい人がいなかったときは、自分が伝言を受けてよいか申し出ましょう。伝言を受けることになった場合、次の2点に注意します。

1 正確に聞く

　相手の会社名と名前、伝言の内容は、必ずメモを取り、内容を復唱して確認しましょう。特に、「1時（いちじ）」と「7時（しちじ）」など、音が似ているものは注意が必要です。⊗伝言を受けるときは、敬語の正しさよりも、伝言の正しさが重要です。敬語を意識しすぎるのではなく、「です」「ます」という丁寧なことばづかいで、正しく復唱しましょう。

2 責任を持って聞く

　伝言の内容を確認したら、誰が伝言を受けたのかを伝えるために、『○○が承りました』と自分の名前を言います。また、話したい人がいない場合、いない理由を詳しく説明する必要はありません。社内にいて、すぐに戻るようであれば、『席を外しております』と言います。『15時まで会議に出ております』『外出中で、16時ごろ戻る予定です』のように伝えます。メモに取った伝言は、本人に確実に伝えます。

5. 電話を受けるときの表現

1 『お電話が遠いようなんですが』

　相手の言っていることが聞こえないときに使う表現です。聞き取れなかったときは、『恐れ入りますが、もう一度おっしゃっていただけますか』と言えますが、3回以上繰り返すと雰囲気が悪くなります。『お電話が遠いようなんですが』という表現を使うと、悪いのは、相手の話し方でも自分の聞く力でもなく、電話の状況だということになります。

2 『何番におかけでしょうか』

　間違い電話がかかってきたときに使う表現です。『間違っています』『こちらは××社ではありません』といった言い方はしないでください。

3 『もしもし』

　電話が切れてしまったように思ったときに確認のために使う表現です。ただし、ビジネス電話の最初には、使いません。⊗

1. 次の①～⑤のとき、相手に伝えることばを答えてください。

① 電話が5回ぐらい鳴ってから出たとき

『　　　　　　　　　　　　　　　　　　　　　　　　　　　　　　　　　　　　　　』

② 取引先から電話がかかってきたとき

『　　　　　　　　　　　　　　　　　　　　　　　　　　　　　　　　　　　　　　』

③ 間違い電話がかかってきたとき

『　　　　　　　　　　　　　　　　　　　　　　　　　　　　　　　　　　　　　　』

④ 相手が名前を言わないとき

『　　　　　　　　　　　　　　　　　　　　　　　　　　　　　　　　　　　　　　』

⑤ 電話が切れたように思ったとき

『　　　　　　　　　　　　　　　　　　　　　　　　　　　　　　　　　　　　　　』

2. 次の文章を読んで、（　　）の中に、正しいものには○を、間違っているものには×を入れてください。

① 着信音が鳴ったら、1回以内に電話に出る。　　　　　　　　　　　　　　　　（　　）

② いつ電話がかかってきてもいいように、電話の近くにメモと筆記用具を用意しておく。（　　）

③ 伝言を聞いたとき、正確に聞き取れたのであれば確認の必要はない。　　　　（　　）

④ 相手の話したい人が席にいないときは、その理由を詳しく伝える。　　　　　（　　）

⑤ 電話では、時間を正確に確認するために「7時」を「ななじ」と言うことがある。（　　）

3. 電話を受けたとき、相手の言っていることが聞こえません。どのように伝えればよいか、（　　　　）のことばを考えて答えてください。

相手：『株式会社もみじの＊＊＊でございます』

自分：『株式会社もみじの、あいだ様ですね』

相手：『いえ、＊＊＊です』（＊＊＊が聞き取れない）

自分：『①（　　　　　　　　　　　　　　　　　　　　）』

相手：『＊＊＊です』（やはり、＊＊＊が聞き取れない）

自分：『②（　　　　　　　　　　　　　　　　　　　　）』

相手：（ゆっくり大きな声で）『は、い、だ、です』

自分：『失礼いたしました。はいだ様ですね』

第5章　ビジネスのスキル

175

8 お客さまに電話をしたら注意されましたが……（電話をかけるとき）

「自分なら、どう思いますか？　どうしますか？」

　今日は新しい商品の案内で、取引先の人に電話をしました。昼休みになる前に終わらせたかったので、11時50分ごろに電話をして、12時ちょうどには終わりました。昼ごはんを食べに行こうとすると、先輩に、『この時間に、こちらの用事で電話しないほうがいいよ』と言われました。取引先の人も電話に出てくれたのに、電話をしてはいけない時間があるのでしょうか？

クイズに答えましょう

問題　携帯電話に電話をかけるとき、次の①〜④のうち、正しいものはどれでしょうか。

① 会社の業務時間に関係なく、いつでも電話をしていい。
② 自分の会社名と自分の名前が相手の携帯電話の画面に出るため、自分の会社名や名前は言う必要がない。
③ 用件に入る前に、電話で話してもいい状態か相手に確認する。
④ 携帯電話は、自分の話が終わったらすぐに切る。

答え（　　　　　　　　　　　　　　　　　　　　　　　　　　　　　）

1. 電話をかける心がまえ

電話では、**話している人の顔が見えません**。このため、次の２つに注意します。

🔳 声

電話の声で、会社の印象が決まります。ふだん話すときよりも少し明るい声を出します。元気に、はっきり・ゆっくり話すようにしましょう。

🔳 相づち※

電話では、相づちがないと、相手が本当に聞いているのか不安になります。このため、相手の話には、**ふだんよりも多めに相づちを打つようにします**。うなずくだけでは相手に見えないため、『はい』『ええ』など、必ず声に出すようにしましょう。

2. 電話をかける準備

電話をかける前には、次のような準備をしておきましょう。

🔳 相手の名前・用件などのメモ

緊張すると、言いたいことが言えなくなったり、用件を忘れたりします。何をどのような順番で話すのか、重要な点はメモしておくようにしましょう。

🔳 話の予想

相手がいないと言われたら、どのように返答するのかなど、話の流れを予想して伝える用意をしておきましょう。

3. 電話をかける

社外電話は、次の手順で応対します。❌

🔳 相手を確認する

相手が言う会社名や部署名をしっかり聞きます。はっきり聞き取れなかったときは、自分が名乗ったあとに、『恐れ入りますが、○○株式会社○○部でしょうか』のように確認します。

🔳 名乗る

外国の人の名前は、日本人には聞き取りにくいことがあるため、**はっきり発音**しましょう。**姓（名字）と名前の間で区切る**と聞き取りやすくなります。相手が聞き取れず、何度も聞き直される可能性もあります。どのように説明すればいいか考えておきましょう。❌

（例）『李（い）です。アイウエオのイです』

※**相づち**
第3章第1節で詳しく説明しています。

❌ 社内電話の場合は、会社名は言う必要はなく、部署名と自分の名前を言います。また、社外電話では、『お世話になっております』というあいさつが一般的ですが、社内電話では、『お疲れ様です』などのあいさつをする会社もあります。社内のあいさつのことばなどは、自分の会社の慣習を確認しておきましょう。

❌ 人名については、第5章第3節で詳しく説明しています。

※クッションこと
ば
第1章第7節で詳
しく説明していま
す。

3 あいさつをする

社外へのあいさつは、『いつもお世話になっております』が一般的です。同じあいさつをされたときは、『こちらこそ、お世話になっております』と言います。

4 取次ぎを頼む

『(○○部の) ○○様をお願いいたします』と言います。お願いの前に、『お忙しいところ恐れ入りますが』のような**クッションことば**※を使います。

5 用件を伝える

メモを見ながら、**順序よく簡潔に**伝えます。長くなりそうなときは、先に、『今、お時間よろしいでしょうか』と確認します。

6 終わりのあいさつをする

『失礼いたします』と言って電話を切ります。なお、ビジネス電話では、『さようなら』とは言いません。

4. 電話をかけるときの注意点

1 名乗り

友人の携帯電話にかけるときは、自分の名前が相手に表示されるため、名乗らなくても問題ないかもしれません。しかし、ビジネス電話では、**自分の名前を言わないのは、大変失礼**なことになります。必ず、名乗ります。

2 時間

就業時間の開始・終了近く、昼休みの直前・直後などは、**電話を避けたほうがいい時間**です。また、**昼休みの時間には電話をしない**のがマナーです。ただし、急ぎの用事があるときは、『お昼の時間に申し訳ありません』などのクッションことばを使ってから、話し始めてください。

3 場所

近くの人が電話をしているときは、電話の相手に声や音が聞こえないように、なるべく静かにしましょう。また、携帯電話を使って電話をするときは、静かな場所を選びます。

4 携帯電話

携帯電話にかけるときは、相手が今、どこで何をしているかがわからないため、『今、お話してもよろしいでしょうか』と聞いてから、話し始めます。また、相手の状況を考えて、**なるべく簡潔に話す**ようにしましょう。

5 切り方

電話は、かけた側が切ることが基本ですが、なるべく、**相手が電話を切るのを待つ**ようにしましょう。お互いに相手が切るのを待っているような状態になったときは、電話をかけた人が『失礼いたします』と繰り返し、静かに受話器を置いたり、「切」ボタンを押したりします。

1. 次の①〜④のとき、相手に伝えることばを答えてください。

① 山田さんと話したいとき

『...

....』

② 話が長くなりそうなとき

『...

....』

③ 相手が先に『お世話になっております』と言ったとき

『...

....』

④ 電話を切るとき

『...

....』

2. 自分の名前は、ドゥルです。日本人に電話をかけたましたが相手に伝わりません。名前の伝え方を考えて答えてください。

自分：『サクラ商事のドゥルでございます』
相手：『サクラ商事のルル様ですね』

自分：『いいえ、ドゥルです』
相手：『失礼いたしました。ドル様ですね』

自分：『...

....』

3. 次の文章を読んで、（　　）の中に、正しいものには○を、間違っているものには×を入れてください。

① 自分の名前が理解してもらえないときは、『「まみむめも」の「ま」です』のように１つひとつの音を説明する。　　　　　　　　　　　　　　　　　　　　　　　（　　）

② ９時に始まる会社の場合、９時ちょうどには電話はしないようにする。　　（　　）

③ 電話は、なるべく静かな場所からかける。　　　　　　　　　　　　　　　（　　）

④ 携帯電話にかけるときは、相手に名前が表示されるため名乗らなくてよい。（　　）

⑤ 電話は、相手が切るのをいつまでも待つ。　　　　　　　　　　　　　　　（　　）

メールの書き方の例

　第5章第4節で説明した、ビジネスメールの例です。仕事の参考にしてください。

件名：パンフレット受領のお礼（さくら広告　山本）

もみじ商事株式会社　営業部
上田　陽子　様

いつもお世話になっております。
さくら広告株式会社　企画部の山本一郎です。

先日お願いいたしました御社のパンフレットですが、
本日（1月15日）、たしかに受け取りました。

お忙しい中、ありがとうございました。
今後ともどうぞよろしくお願いいたします。

....
さくら広告株式会社
企画部 山本一郎
〒1**-****
東京都千代田区 *********
Tel:03-*****
FAX:03-*****
Email: yamaichi@sakura.***
URL:https:****
....

議事録の書き方の例

　第5章第5節で説明した、ビジネス文書の例です。仕事の参考にしてください。

20＊＊年＊月＊日

関係者各位

作成者　企画部　森田かおり

新製品発表会　第2回準備委員会　議事録

日　時：20＊＊年＊月＊日　10：00～11：00
場　所：本社ビル　301会議室
出席者：営業部　　池田、菅原
　　　　経理部　　川崎
　　　　企画部　　小山、鈴木、森田
議　題：
1．会場レイアウト案
2．発表会のプログラム案
3．予算案
4．今後の進め方
決定事項：
1．会場のレイアウトについては、配布資料に基づき企画部より提案があった。詳細
　　な配置については、営業部と検討していくことになった。
2．発表会の構成については、営業部より資料に基づき、提案があった。
3．予算は200万円で決定した。
4．・招待客については、営業部の検討事項とし、＊月＊日までに招待客リストを作
　　　成し、次回会議で報告する。
　　・当日までの作業スケジュールは、企画部が作成し、関係先に連絡する。
配布資料：
　・会場レイアウト案
　・発表会のプログラム案
　・予算案
次回予定：＊月＊日　10：00～11：00　301会議室にて

以上

COLUMN

ビジネスでも「こんにちは」?

　社内では、「こんにちは」というあいさつは、あまり使われません。しかし、他社を訪問した際には、受付で『こんにちは』と言われることもあります。

　「こんにちは」というあいさつ自体は、「ウチ」と「ソト」の関係では「ソト」の人にするもので、「ウチ」の人にすることはありません。たとえば、会社以外では、近所の人に会ったときに『こんにちは』とあいさつをします。

　なお、同じ会社の人でも、異なる部署の人の場合には、『こんにちは』とあいさつをすることもあります。特に、人数や部署の多い会社になると、社員同士の距離が遠くなるためと考えられます。

日本人は占い好き?

　休憩時間や飲み会の席では、血液型や誕生日（星座）、干支などを聞かれることがあるかもしれません。干支は十二支ともいわれ、生まれた年を動物に当てはめたものです。「ねずみ、牛、寅、うさぎ、龍、蛇、馬、羊、猿、鶏、犬、いのしし」の12種類があります。

　また、日本では、血液型を使った占いに関心を持ったり、信じていたりする人がよくいます。相手の血液型を聞けば、相手のだいたいの性格がわかると考えている人もいます。なお、日本人のほとんどは、小さいころに検査を受けて、自分の血液型を知っています。このため、血液型占いが流行するのかもしれません。

　また、誕生日で分類される星座から自分と相手との相性をみたり、干支を聞くことで間接的に相手の年齢を計算したりすることもあります。相手には直接聞きにくいことを、誕生日や干支からさぐっているといえます。

[著者・編者紹介]
• 著者
武田　聡子（たけだ　さとこ）
特定非営利活動法人　日本語教育研究所　副理事・主任研究員。桜美林大学、国士舘大学、立教大学兼任講師。オーストラリア、シドニー工科大学で日本語教育の Graduate Diploma を取得後、シドニー大学、サタデースクール等で日本語を教えながら、シドニー大学大学院で MA（アジア研究）取得。その後、東京の日本語学校、大学、企業、自治体などのさまざまな現場で日本語教師として従事。北区ボランティア教室の日本語支援者育成、日本語学校での日本語教師養成、企業におけるビジネスパーソンに対する日本語教師養成にも携わる。また教材作成、執筆、コースデザイン、コーディネーターも務める。
著書に『初級から中級への橋渡しシリーズ「文法が弱いあなたへ」』『初級から中級への橋渡しシリーズ「聴解が弱いあなたへ」』『初級から中級への橋渡しシリーズ「読解をはじめるあなたへ」』『短期マスター日本語能力試験ドリル N1』『短期マスター日本語能力試験ドリル N5』『短期マスター聴解ドリル 1　N2・N3レベル』『短期マスター　聴解ドリル 2　N1・N2レベル』（以上、凡人社）。監修に『マンガで学ぶ日本語表現と日本文化～多辺田家が行く！！～』（アルク）。

長崎　　清美（ながさき　きよみ）
特定非営利活動法人　日本語教育研究所　理事・研究員。駒澤大学、東京工芸大学非常勤講師。
鉄鋼メーカー会社員を経て、日本語教師に転職する。社会人学生として大学で学び直しをしながら、好奇心の赴くまま、地域の教室、日本語学校、大学、海外での日本語教育（青年海外協力隊）、教師養成、外国人児童向け教材開発などに携わる。現在は企業におけるビジネスパーソンに対する日本語研修コーディネート、留学生の就職活動のサポート、ビジネス日本語教師養成などを中心に活動している。
著書に『短期マスター聴解ドリル 1　N2・N3レベル』『短期マスター聴解ドリル 2　N1・N2レベル』（以上、凡人社）。

• 編者
特定非営利活動法人 日本語教育研究所（とくていひえいりかつどうほうじん にほんごきょういくけんきゅうじょ）
2003年設立。日本語教育の発展、国際社会の日本語・日本文化への理解促進に寄与する活動を行い、数多くの企業向け日本語研修などを手掛けるとともに、外国人を受け入れる企業向けの研修にも取り組む。

改訂版　留学生・日本で働く人のためのビジネスマナーとルール

2023年 2 月10日	初版第 1 刷発行
2024年 4 月15日	第 3 刷発行

著　者——武田　聡子 ／ 長崎　清美
編　者——特定非営利活動法人 日本語教育研究所
Ⓒ 2023 Satoko Takeda／Kiyomi Nagasaki／
NPO Research Institute For Japanese Language Education
発行者——張　士洛
発行所——日本能率協会マネジメントセンター
〒103‐6009 東京都中央区日本橋2‐7‐1　東京日本橋タワー
TEL　03（6362）4339（編集）／ 03（6362）4558（販売）
FAX　03（3272）8127（編集・販売）
https://www.jmam.co.jp/

装　丁——吉村　朋子
本文イラスト—塩野　友子
本文 DTP——TYPEFACE
印刷所——シナノ書籍印刷株式会社
製本所——株式会社三森製本所

ISBN978-4-8005-9072-5 C3034
落丁・乱丁はおとりかえします。
PRINTED IN JAPAN

B5判·176頁

留学生向けふりがな付き
ビジネス能力検定
ジョブパス3級
公式テキスト

一般財団法人職業教育・キャリア教育財団 監修

ビジネス能力検定ジョブパス3級公式テキストは、ビジネス能力の基本・基礎を学ぶことができ、周囲から期待される社会人・職業人を目指すための、職業教育・キャリア教育の道しるべとしてご活用いただける教材です。本書は同テキストの漢字すべてにふりがなを付けたものであり、漢字が苦手な外国人留学生も、日本人学生とともに日本のビジネス習慣、日本企業における働き方を学ぶことができます。

※ビジネス能力検定ジョブパス3級の試験問題には、ふりがなは付いておりません。

B5判·176頁（別冊40頁）

改訂版
留学生のための
就職内定
ワークブック

久保田 学 著

現在、日本の未来の生産年齢人口の減少への対策として、外国人労働者の活用が挙げられています。その中でも拡大計画が進む外国人留学生の就職に期待がかけられていますが、実際にその就職率は日本人学生に比べるとかなり低い現状です。本書は、その障害のひとつとなる、世界から見ると独特な日本の就職活動を学びながら、キャリア教育の観点から、留学生自身がこれからのキャリアに向き合い、企業から求められる強みや能力を意識できるようにした、書き込めるワークブックです。

日本能率協会マネジメントセンター

改訂版 留学生・日本で働く人のためのビジネスマナーとルール
別冊「クイズに答えましょう」「理解を深めましょう！」

解答と解説

も く じ

第1章　ビジネスコミュニケーション

1 研修があると言われましたが……（日本人と働く心がまえ）　本文P.12

クイズに答えましょう

答え：②、④
解説：

① 仕事が始まる時間は9時が多いですが、会社によって違います。最近は、自分で働く時間を決める会社や、自宅で仕事ができる会社も増えています。
② 店や工場など、制服がある会社もあります。
③ 日本の会社では定年まで働く人も多いですが、定年前に退職することも可能です。また、規則に違反して、会社にとって不利益になるようなことをした場合は、退職させられることもあります。
④ 最近は、長時間労働を変えようという動きもあり、「ノー残業デー」といって、残業をしてはいけない日を決めている会社もあります。毎日残業しなくてはいけないということはありません。
⑤ 日本の会社は、社員同士がコミュニケーションを深めるために、飲み会が多いといわれています。しかし、毎週金曜日に決まっているということではありません。なお、就業時間外の会ですので、必ず行かなくてはならないということではありません。

理解を深めましょう!

1.
解答例：
　世界の多くの会社では、社員を採用するときは、仕事の内容をはっきり示して、その仕事を担当させるという契約をします。一方、日本の多くの会社では、仕事の内容は示さずに契約をします。そのため、日本の会社では、会社内でいろいろな仕事をすることがあります。
解説：
　日本の会社の採用方法では、仕事の内容によって賃金を決めることができません。このため、働いた年数や年齢によって賃金や役職を決める制度があります。

2.
①
解答例：
　日本の会社で働く人は、会社の人たちを家族のように思っている人が多い。個人的なことまでも質問をするのは、上司が部下のことを自分の子どものように感じているからとも考えられる。
②
解答例：
　日本の会社は、採用する学生に専門の知識があまりなくても、入社後に育てていこうという考え方がある。このため、大学での専門と違う仕事をしている人もたくさんいる。

③
解答例：

　日本では、採用のときに仕事の内容が決められていないため、会社内でいろいろな仕事をすることがある。経験のない仕事でも、新しい部署で学ぶことができるため、まったく違う仕事に異動することもある。

解説：

　日本の会社では、専門とは違う仕事をしたり、ほかの仕事に変わったりするということがよくあります。現在の仕事に人が必要でなくなったときにも、解雇されず、ほかの部署に移って仕事を続けることができるのです。このため、1つの会社に長く勤める人が多くなり、同じ会社で働く人たちを家族のように考える文化が生まれました。

2 課長と食事に行きましたが……（上司・先輩との付き合い方）　本文P.16

┃ クイズに答えましょう ┃

答え：②

解説：

　年上の人や目上の人と食事に行くと、必ず上の人がお金を払うという国もあるようですが、日本では、上の人がお金を払うと決まっているわけではありません。ふだんの昼ごはんであれば、別々に払うことが一般的です。

┃ 理解を深めましょう! ┃

1.

解答例：

　日本の職場では、上下関係を大切にしている人が多くいます。このため、先輩や年上の人と話すときは、敬意を表すために基本的に敬語を使います。また、ことばだけでなく、何かをするときは目上の人を先にしたり、座るときは自分よりもよい場所に座ってもらったりします。上下関係の考え方は、職場によっても違いますが、一緒に仕事をする人を大切にする気持ちは同じです。

解説：

　敬意は、敬語（第5章第1節）のような「ことば」で表したり、席次（第4章第4節）のように「態度」で表したりするものがあります。また、親しくなってくると、先輩を友人のように感じてくることもあるでしょう。しかし、上下関係があることを忘れてはいけません。

2.

解答：③

解説：

　飲み会の席では、仕事から解放されて、個人的な話をすることがあります。しかし、それはお酒の席でのことです。職場では、飲み会で聞いた話は、自分からはしないようにします。

3.
①解答例：
部長から先に降りてもらう。
②解答例：
資料を部長のほうに向けて両手で渡す。
③解答例：
部長の話を最後まで聞いてから自分の意見を言う。
④解答例：
先輩に対しては、丁寧な話し方で答える。
解説：
①ことばや態度でも、相手を優先する気持ちを表しましょう。
②相手の人が見やすいように向きに気をつけ、両手で丁寧に渡します。
③自分の意見は、まず、相手の話をよく聞いてから言いましょう。
④親しくなっても先輩は先輩です。自分からは、職場にふさわしい丁寧な話し方をします。

4.
解答：
①×　②×　③○　④×
解説：
①③最近は、上下関係をなくして同等な関係になろうという考え方をする会社もあります。そのほうが、誰にでも発言がしやすくなり、仕事の効率がよくなったり、より自由なアイディアが出てきたりしやすくなるという考えがあるためです。
②日本の上下関係は、年齢だけでなく、会社に入社した時期が早ければ、自分より年齢が下でも立場は上の人となります。
④飲み会での無礼講の意味は、「上下関係をなくして楽しもう」ということですが、どのような場面でも目上の人を尊重する気持ちをなくしてはいけません。

3 同僚にお金を貸してもらいましたが……（同僚との付き合い方）　本文P.20

クイズに答えましょう

答え：②
解説：
　国によっては、次の機会に自分が相手の分を払うということもあるようですが、日本では、借りたお金はすぐに返すのが基本です。また、プレゼントではなく、お金で返しましょう。

理解を深めましょう！

1.
解答例：
　同僚とは、お互いに助け合いましょう。自分が相手を助けていれば、相手も自分を助けてくれるでしょう。なお、親しい同僚から、友人のようなことばづかいで話しかけられることがあるかもし

れませんが、仕事中は社会人らしい話し方を心がけてください。

解説：

　日本では、どんなに親しくなっても最低限のマナーは守ろうという考え方があります。同僚といい関係を続けるには、公私混同はしないこと、お金の貸し借りをしないことなどが大切です。

2.

解答：②

解説：

①とても丁寧なことばづかいですが、同期に話すには丁寧すぎるといえます。ことばづかいが丁寧すぎると、あまり親しくないという感じを与えてしまいます。同僚への会議中の話し方では、②のような言い方が一番いいといえます。

③④『確認しなよ』『まずいっしょ』は、同期であっても職場にはふさわしくないことばづかいです。

3.

解答：①、②、③

解説：

　①〜③は、すべて公私混同になります。

①ほかの部署の人に仕事を手伝ってもらうためには、先に上司の許可が必要です。

②飲み会でのできごとを職場に持ち込んではいけません。

③親しいことを理由にして、お願いごとをしてはいけません。

4.

解答：①×　②×　③×　④○　⑤○

解説：

①自分が手伝えるかどうかはわからなくても、『何かお手伝いしましょうか』と声をかけましょう。

②仕事中は職場にふさわしい話し方をします。特に、お客さまの前では気をつけてください。

③10円でも借りたお金は必ず返してください。なお、日本では、親しい関係の人でもあまりお金の貸し借りはしないため、なるべくお金は借りないようにしてください。

④親しくなると、つい遠慮のない言動をしてしまうこともありますが、相手が困ることや、いやな気持ちになることは誰に対してもしてはいけません。

⑤同僚とは助け合うものです。同僚が困っているときには、声をかけましょう。自分が困っているときには、きっと同僚が助けてくれます。

4 職場の人から飲みに誘われますが……（就業時間外の付き合い）　本文P.24

｜ クイズに答えましょう ｜

答え：③

解説：

　飲み会は就業時間外のことなので、行きたくなければ行く必要はありません。しかし、日本では、就業時間外の付き合いを人間関係作りの場と考えている人が多いため、時間が合えば参加してみるのもいいでしょう。

1.

解答例：

　日本では、就業時間外の飲み会などを人間関係作りの場と考えている人が多いです。職場では、仕事にふさわしい顔を見せている人も、就業時間外にはふだんの顔に戻ります。職場では聞けない本音が聞けたり、自分も職場では言いにくい話ができたりするかもしれません。上司や同僚をよく知ることは仕事を進めるうえでもプラスになることがあるので、都合がよければ参加してみるといいと思います。

解説：

　就業時間外の付き合いは、仕事ではありませんから、どうしても参加したくないときや用事があるときは、断っても問題はありません。しかし、誘ってくれた相手の気持ちを考えて、丁寧に断ることが必要です。

2.

解答：①○　②×　③×　④○　⑤○

解説：

①本来の意味は「午後５時以降」ですが、就業時間が終わったあとという意味で使われることもあります。

②飲み会は、就業時間外に行われますので、都合が悪いときや行きたくないときは行かなくてもいいものです。ただし、飲み会は、上司や同僚をよく知るいい機会ですから、仕事を進めるうえでプラスになることもあると考えましょう。

③気を楽にすることはいいことですが、言ってはいけないことを言ってしまうと人間関係を壊すため、注意してください。

④休日の集まりも就業時間外のことですので、都合が悪いときや行きたくないときは断ってもいいものです。ただし、相手の気持ちを考え、上手に断りましょう。

⑤誘った人は、もう少し親しくなりたい、自分のことをもっと知ってもらいたいと思っているのですから、まず、お礼を言いましょう。

3.

解答：②

解説：

　断わるとき、理由はあまり具体的に言う必要はありません。しかし、『ちょっと……』だけでは、相手は「自分のことが嫌いだから行きたくないのか」などと考えてしまうかもしれません。また、『日曜日だから行きたくない』というような言い方は相手に対して失礼です。たとえ予定がなくても、『先約があって』という言い方にします。

5 いつもの自分なのですが……（身だしなみ）　本文P.28

クイズに答えましょう

答え：②、④

解説：

①最近は、靴下もはかない女性もよく見かけますが、お客さまを訪問するときは、ストッキングを
　はいたほうがいいでしょう。

②黒いネクタイは、葬儀（第3章第5節）のときにするものですから、お客さまと会うときにして
　はいけません。

③化粧は、仕事に行く前の準備です。肌の色を整えたり口紅をつけたりすることで、健康的な印象
　を作ります。ただし、薄く自然な仕上がりにします。

④自分にとってはいいにおいでも、他人にはいやなにおいであることもあります。香水をつけると
　きは、強い香りのものは避けましょう。

理解を深めましょう!

1.

解答例：

　身だしなみで大切なことは、清潔であること、仕事がしやすいものであること、そして、職場や
場面に合ったものであることです。女性の場合は、自然な仕上がりの化粧をすることがマナーだと
もいわれています。また、日本人は強いにおいが苦手な人が多いので、汗、香水、食べ物などの
においにも注意したほうがいいです。

解説：

　日本人は、相手を傷つけたくないという気持ちから、身だしなみについてあまり注意や指摘をし
ません。身だしなみやにおいについて心配なことがあれば、自分から周りの人に聞いてみましょう。
以下を参考にしてください。

・体のにおいを抑えるために、風呂やシャワーで体を清潔にし、制汗剤などを使う。

・強すぎる香水や整髪料などは、人によって好き嫌いがあるため、香りの弱いものを選ぶ。

・食べ物のにおいは、人によって感じ方が違うため、食事のあとは、歯磨きをしたりガムを噛んだ
　りしておく。

2.

解答：①×　②○　③×　④×　⑤×

解説：

①第一印象を決めるのは、目から受ける情報が大きいといわれています。つまり、身だしなみに
　よって決まるといえます。

②身だしなみの基本は清潔であること、機能的であること、職場・場面に合ったものであることで
　す。

③日本人は、襟やそで口の汚れを気にします。洗濯した服を着ていても、襟やそで口が汚れている
　と不潔に思われてしまいますので、汚れが落ちたか確認しましょう。

④派手なネイルが合う職場もありますが、すべての職場の女性に、派手なネイルがよいというわけ
　ではありません。仕事のときは、職場や場面に合ったネイルの使い方をしてください。

⑤日本人は、注意をしたら相手が傷つくのではないかと思って、口に出さない人が多いです。

3.

①
解答例：

フケがあると、きちんと髪を洗っていないと思われてしまう可能性があり、不潔なイメージを持たれてしまうから

②
解答例：

いつもはスーツを着て仕事をしている人たちも、スポーツ大会という場面では、スポーツをするのにふさわしい服を選ぶ必要があるから

③
解答例：

ヒールの高い靴は、運転中に何かあると危険が生じる可能性が高いから

解説：

①フケは頭の皮がはがれたもので、不潔な印象を与えます。
②場面に合った服装を選ぶことも大切です。
③ヒールの高い靴は、会社の中でも、歩き回ったり階段を上がったり下りたりするときに、危険なことがあります。仕事がしにくい服装は機能的とはいえません。

6 何でもチームでと言われますが……（チームワーク）　本文P.32

クイズに答えましょう

答え：①、②、④
解説：

①チームで仕事をするときは、情報を共有することが大切です。何か問題があったときは、すぐにメンバーに報告をし、どのように対応するかを考えます。
②チームワークを発揮するには、1人ひとりのメンバーが自分の役割をしっかり果たすことが重要です。自分の仕事は最後まで責任を持って終わらせます。ただし、自分1人の力では難しいと思ったときには、抱え込まずにリーダーに相談してください。
③予定どおり進んでいても、定期的に報告の場を作って、メンバーが、今、何をしているのかを全員が把握しておくようにします。
④意見が言いやすい雰囲気を作ることは重要ですが、職場のチームは、学校のサークルとは違います。社会人らしいことばづかいを忘れないようにします。

理解を深めましょう！

1.
解答例：

1人の人間のできることには限りがありますが、チームを作って力を出し合うことで、新しいアイディアが生まれたり、1人ではできない大きな仕事ができたりします。また、結果として個人の能力が成長することも期待できます。

解説：

　いいチームを作るには、全員がチームの目標をはっきり理解し、チームの中で役割分担をし、メンバー同士のコミュニケーションが取れていることが大切です。

2.

解答：①A、C、E　②B、D

解説：

　チームで仕事をするときは、目標を決め、それぞれがどのような役割をするかはっきり決める必要があります。チームの中に、ほかのメンバーを頼りにして仕事をしない人や、仕事の失敗をほかの人のせいにする人がいると、チームワークが悪くなります。いいチームワークのためには、チーム内でコミュニケーションが取れていることが大切です。

3.

①

解答例：

　お互いをよく知るための場を作ることで、コミュニケーションが良好になるため

②

解答例：

　仕事の進捗状況などをチームのメンバー全員に報告・連絡・相談しておくことで、メンバーがいつでも同じ情報を共有できるようにするため

③

解答例：

　相手の気持ちを考えた話し方をして、チーム内の人間関係をよくするため

④

解答例：

　仕事の締め切りなどのルールを守らないと、ほかの人に迷惑をかけることになるため

解説：

①さまざまな意見を出し合い、問題を解決するには、自分の気持ちを相手に伝えることが大切です。しかし、相手のことをよく知らないと、遠慮してしまい、はっきり意見が言えないこともあります。飲み会は、人間関係作りの場として役立つこともあります。

②1つの仕事には複数の人が関わるため、情報の共有は重要です。報告・連絡・相談は、情報共有の方法として有効なものです。

③チームでいい仕事をするには、自由に意見が言える雰囲気作りが大切です。意見を言うときに、相手を傷つけることのないように、クッションことばを使うことが大切です。

④全員が1つの目標に向かって進むには、チームで決めたルールを守ることが必要です。

7　先輩に言われたとおり質問をしたのですが……（配慮のある話し方）　本文P.36

| クイズに答えましょう |

答え：②

仕事中の人にお願いをするときは、まず相手の都合を聞くことばが必要です。①のように急にお願いを始めないようにしましょう。また、③は、クッションことばを使っていますが、ことばと内容が合っていません。クッションことばを使うときは、状況に合ったことばを選ぶことが大切です。また、お願いではなく報告の言い方になっています。

理解を深めましょう！

1.

解答例：

日本語が上手でも、直接的な言い方をしたり、クッションことばがないと失礼になることがあります。また、声・表情・態度や話しかけるタイミングも重要です。正しい日本語を話すことだけでなく、配慮ある話し方ができているか考えてみましょう。

解説：

配慮のある話し方をしていると、自分の希望が相手に聞いてもらいやすくなります。

2.

解答：①B　②D　③C　④E　⑤A

解説：

①仕事中の人に話しかけるときのクッションことばです。
②ルールを守ってほしいときなどのクッションことばです。
③面倒なことをお願いするときのクッションことばです。
④相手の希望に添えないときのクッションことばです。
⑤相手の誘いを断るときのクッションことばです。

3.

解答例：

・なるべく上司が忙しくないときに話しかける。
・上司が帰る時間は避ける。
・仕事中に話しかけるときは、まず、『今、よろしいですか』と聞く。
・ほかの人は仕事をしているので、控えめな態度で話す。
・『お忙しいところすみませんが』といったクッションことばを使ってお願いする。

解説：

仕事を休むことで、同僚に迷惑をかけるかもしれないので、同僚にも事前に話しておきましょう。

8 会議で発言をしましたが……（話の進め方）　本文P.40

クイズに答えましょう

答え：②

解説：

日本では、①のように最初に『できません』と言う人は少ないため、すぐに『できません』と断

られると、驚かれてしまいます。日本人が断るときは、まず、最初に、相手の希望に添えないことを謝り、それからどうして引き受けられないのかを説明します。

　さらに、今回は引き受けられないけれど、ほかのときなら引き受けられるという、代わりの案を出すことが多いです。相手とのいい関係を続けるには、日本人がよく使っている話の進め方を手本にすると、感じよく断ることができます。

理解を深めましょう!

1.

解答例：

　反対の意見を述べるとき、日本では、最初に『違います』と言う人は少ないです。このため、周りの人は『みなさんの提案は間違っています』と言われて驚いたのでしょう。

　日本には、日本人がよく使っている話の進め方があります。たとえば、反対の意見を言うときは、まず、相手の意見のいいところを認めて、次に、相手の意見の中で問題がある部分を指摘します。そして、自分の意見を言います。

解説：

　日本人がよく使っている話の進め方をすると、相手は違う意見でも耳を傾けてくれます。これにより、自分の意見を上手に相手に伝えることができます。

2.

①

解答例：

　『申し訳ありません。せっかくなのですが、今日はちょっと予定があって、早く帰らなければならないんです。また今度誘ってください』

②

解答例：

　『あのレストラン、私も行きたかったんだ。でも、実は、土曜日は用事があるんだよね……。日曜日のお昼はどう？』

③

解答例：

A：『先輩、お仕事中に失礼いたします。今、よろしいでしょうか』
B：『ちょっとお願いしたいことがあるんですが』
C：『部長に提出する資料なんですが、日本語が心配なので、見ていただけないでしょうか』

解説：

　断るときの3ステップは、謝る、理由を言う、次につながる代わりの案を出す順です。また、依頼の3ステップは、相手の都合をうかがう、前置きをする、そして依頼をするです。

第2章　ビジネスのルール

1 電車の事故で遅刻をしましたが……（時間厳守）　本文P.46

クイズに答えましょう

答え：②
解説：
①10時は、取引先との打ち合わせが始まる時間ですから、10時より前に到着しなければなりません。
②10分ぐらい前に行って、受付をすませましょう。受付が混んでいることもありますので、5〜10分程度は余裕を持つことが大切です。
③早すぎる到着は、打ち合わせの相手をあわてさせることになります。

理解を深めましょう!

1.
解答例：

　日本では時間を厳守することを教えられています。時間にだらしない人は、すべてにおいてだらしないと考える人も多いので、仕事をするときは、時間厳守は最低限のマナーと考えられています。待ち合わせをするときは、「5分前集合」という考え方があるので、待ち合わせの時間ぎりぎりではなく、5分前には行くようにしたほうがいいです。
解説：

　時間の約束は、守ることが一番大切です。しかし、もしも遅れそうになったときは、相手に直接伝わる方法で、できるだけ早く連絡することが大切です。

2.
解答：①×　②×　③×　④×　⑤○
解説：
①遅刻しそうだと気づいた時点で連絡をします。
②遅刻をしたために終わらなかった仕事は、残業して終わらせることになるかもしれません。しかし、仕事を終わらせればいいのではなく、遅刻をしないことが重要です。
③就業時間が9時からというのは、9時に仕事が始められる状態になっているということです。
④締め切りに間に合いそうもないと思った時点で上司に相談します。締め切り日になってからの報告では、自分の仕事の終了を待っている人に迷惑をかけることになります。
⑤訪問の時間は、早すぎても相手に迷惑ですが、ちょうどの時間では遅すぎます。5〜10分ぐらい前に到着するようにしましょう。

3.

解答例：

　電話や既読機能のついたＳＮＳなど、相手に直接伝わる方法で連絡する。

解説：

　電話などで同僚に直接伝えることが一番望ましいですが、ふだんから緊急の連絡にＳＮＳを使っている会社であれば、ＳＮＳで伝えてもよいでしょう。待ち合わせをする相手とは事前に連絡先を交換しておきましょう。

2 仕事のために休日出勤をしましたが……（就業時間）　本文P.50

クイズに答えましょう

答え：②

解説：

　就業時間は就業規則で決まっています。その時間以上働くときは、必ず会社（上司）の許可が必要です。会社（上司）は、残業が適切なものかどうか判断し、就業時間を管理する責任があります。このため、残業をする前に上司に相談してください。

理解を深めましょう!

1.

解答：①、④

解説：

①休暇は就業規則で決められており、会社によって違います。

②休暇を取ることは働く人の権利ですが、なるべく周りの人に迷惑がかからないように配慮しましょう。

③④休暇を取りたい日が決まったら、上司だけでなく周りの人にも相談し、仕事の引き継ぎもしておきます。

2.

解答：③、④

解説：

　就業時間中に仕事が終わらない状態が続くときは、何が原因なのか考えてみましょう。自分の仕事の進め方に問題があるのかもしれません。あるいは、担当する仕事の量が多すぎるのかもしれません。状況を整理したら、上司に相談しましょう。効率のいい仕事の進め方を教えてくれたり、仕事の量を調整してくれたりするはずです。

3.

解答：①〇　②×　③×　④×　⑤〇

解説：

①就業規則など、働くうえで必要な会社のルールを確認しておきましょう。

②場所がどこであっても、時間外の仕事は残業と考えます。

③会社は、社員の就業時間を把握しなければなりません。このため、必ず許可を得てから休日出勤をするようにします。

④ワークライフバランスは、仕事と生活のどちらも大切にすることで、仕事にも私生活にもいい影響が生まれるという考え方です。どちらかを選んで、どちらかを大事にしないというものではありません。

⑤休暇中に自分の仕事を依頼しなければならないかもしれませんので、早めに計画を立てて、自分の仕事を引き継いでもらう準備をしておきましょう。

3 自宅で仕事をすることになりましたが……（テレワーク）　本文P.54

クイズに答えましょう

答え：②
解説：

①会社が機器を準備してくれたり、費用を負担してくれたりすることがありますので、準備する前に会社に相談してください。

②パソコンのマイクは、周りの小さな生活音も拾ってしまいます。静かな環境を整えるだけでなく、ヘッドセットも使用するといいでしょう。相手の声がよく聞こえますし、自分の声を相手によりはっきり、明確に伝えることができます。

③テレワークであっても、きちんと連絡をしましょう。勤務開始や終了の報告の仕方は会社によって違いますので、ルールに従ってください。

④一人暮らしでも、書類を出したままにしておいて、紛失するといった恐れがあります。また、訪問者に、書類に書かれていることや会議での発言などを知られてしまい、会社の大切な情報が漏れる可能性があります。

⑤会社ではさまざまなコミュニケーションツールが使われています。何か問題があった場合は、ツールを活用して、上司や先輩に相談をしましょう。

理解を深めましょう！

1.

①
解答例：
　会社が用意してくれる。
解説：
　通常、会社が用意してくれると考えられますが、自宅の環境が個人によって異なるため、自分でそろえて、会社に費用を請求する場合もあります。まず、会社に確認しましょう。

②
解答例：
　有線のネットワークを使う。
解説：
　会議の途中でネットワークが悪くて切れたり落ちたりしてしまわないようにするためには、強くて安定したネットワークが必要です。Wi-Fi より有線のほうが安定します。

③
解答例:
　セキュリティに注意する。
解説:
　無料で使えるネットワークもありますが、情報が漏れるなどセキュリティに問題があるため、使用しないようにしましょう。

④
解答例:
　ヘッドセットは雑音を防ぎ話をよく聞くために必要。
解説:
　パソコンは、カメラやマイクが付いているものがほとんどですが、周りの音や雑音なども拾います。しかし、ヘッドセットを付けると、余計な音を相手に聞かせずにすみ、自分自身も相手の発言をよく聴き取ることができます。テレワークをする部屋が静かで雑音がしない場合をのぞいては、ヘッドセットの使用をすすめます。特に、家族が一緒に住んでいて、家族の声や生活音が入り込む可能性がある場合は配慮しましょう。

2.
解答:②
解説:
　リモートワークは、通勤時間がないという点では時間の節約ができ、また、自宅での家族とのコミュニケーションの時間も増えるでしょう。しかし、基本的に働き方は、会社にいるときと同じようにします。会社によっては、始業時間にオンラインでお互いが仕事を始めたという合図を出し合うこともあります。

3.
解答例
・雑談の時間を設ける提案をしてはどうでしょうか。たとえば、昼休みに画面越しに一緒にランチをしながら、仕事以外の話をしたりするのはどうでしょうか。
・オンライン飲み会を企画してはどうでしょうか。。コロナ禍ではマスク会食のため、食事をしながら自由に話すのは難しいですが、オンラインであれば、マスクを外して食事と会話ができます。対面での会食より自由で、表情もよく見ることができます。
解説:
　まずは1人で悩まず、会社の上司や先輩、同僚などに相談することが大切です。

4 きちんとあいさつをしたのですが……(あいさつ)　本文P.58

┃ クイズに答えましょう

答え:①A、C　②F　③H　④E　⑤C、D
解説:
①朝、出社したときの『おはようございます』は一般的ですが、午後に出社したときも『おはようございます』を使うことがあります。また、夜から出勤する仕事も『おはようございます』とあ

いさつをすることがあります。なお、職場によっては、午後から出社したときは『お疲れ様です』を使うこともあります。

②退社するときは、まだオフィスに残っている人への気づかいも含めて『お先に失礼します』と声をかけます。

③昼休みが終わってオフィスに戻ったということを周りに知らせるために、『ただ今戻りました』とあいさつします。

④外出してまた会社に戻るときは『行って参ります』『行ってきます』と声をかけます。周りの人は、出かける人に『行ってらっしゃい』とあいさつを返します。

⑤外出から戻った人には、『お帰りなさい』や『お疲れ様です』とあいさつをします。戻った人は『ただ今戻りました』と言います。

理解を深めましょう!

1.
解答例：
　職場では、『おはようございます』は、その日に最初に会った人へのあいさつのことばととらえられています。午前中だけのあいさつではありません。もしも、自分が午後に出社したとき、『おはようございます』と言いにくいのであれば、『お疲れ様です』と言ってもいいでしょう。

解説：
　午後や夕方以降でも、その日に最初に会った人には『おはようございます』とあいさつをするのが習慣化している会社や業界もあります。会社によって異なりますので、自分の会社のルールを確認してください。

2.
①
解答例：

A：お世話になっております。〇〇会社の▲▲と申します。本日、14時より、営業部の山田様とのお約束があるのですが

B：ありがとうございます

②
解答例：

A：ありがとうございます

B：いえいえ。だいぶ雨も弱くなっていましたので

③
解答例：
　失礼いたします

解説：
①自分の所属と名前、何時に誰とアポイントメント（第4章第6節）があるかを明確に述べましょう。『お世話になっております』ではなく『こんにちは』と言うこともあります。
②部屋まで行く間、天気の話題などで軽く雑談（第4章第3節）をしましょう。
③部屋に案内されたら、『失礼します』と言ってから中に入ります。

5 隣の人が電話をしていたのですが……（お辞儀）　本文P.62

答え：①C　②A　③B（またはC）
解説：
　あいさつのとき、どのくらい体を倒すかは、状況によって違います。しかし、一般的に、取引先に謝るとき（①）は、深く体を倒したほうが気持ちが伝わります。また、部屋に入るとき（②）は、軽く頭を下げる程度でいいでしょう。自己紹介のあいさつ（③）では、軽く頭を下げるよりは、少し深く体を倒すほうが気持ちが伝わります。

■ 理解を深めましょう! ■

1.
解答例：
　お辞儀は、頭を下げて、自分が相手に敵意がないこと、また、自分も相手を信じていることを表しているといわれています。つまり、相手といい関係を築きたいことを示すものだといえます。
解説：
　お辞儀には、いくつかの種類があります。どのぐらい上半身を倒すのかは、そのときの状況やことばによって決まります。また、いくらきれいなお辞儀ができても、心がこもっていなければ意味がありません。形だけでなく、自分の心を表すことが大切です。

2.
解答：①×　②×　③○　④○　⑤○
解説：
①立場が上の人に対し頭を下げるのは、日本だけの文化ではありません。
②上半身をすばやく倒し、ゆっくり戻すときれいに見えます。
③部屋に入るときなどに会釈をします。歩きながら会釈をすることもあります。
④申し訳ないという気持ちや感謝の気持ちが強いときは、深く頭を下げるなど、状況や伝えることばに応じて決まります。
⑤お辞儀とあいさつを同時にすると、ことばが聞こえにくくなります。

3.
解答：①H　②C　③A　④E　⑤D　⑥F　⑦I
解説：
　お辞儀は、まず、立ち方が大切です。背筋を真っ直ぐ伸ばして立ちます（①）。手は、女性は体の前（②）に、男性は横に真っ直ぐ伸ばします（③）。あごは上がらないように引きます（④）。体を倒すときは、首だけが下を向かないように（⑥）、腰から倒します（⑦）。

6 報告書を書くように言われましたが……（報告・連絡・相談）　本文P.66

クイズに答えましょう

答え：②
解説：
　報告・連絡・相談は、それぞれの最初の2文字を合わせて、ホウレンソウと呼ばれています。

理解を深めましょう！

1.
解答：①○　②○　③×　④×　⑤×
解説：
①報告で大切なことは、仕事の結果です。まず、結果を伝えてから、経緯や原因などを説明しましょう。
②報告は、いいことも悪いこともします。トラブルがあったときや、ミスをしたときは、上司に言いにくいものですが、すばやく報告すれば、問題も大きくならずにすみます。悪いことほど、しっかり報告をしましょう。
③すでに解決したと思っても、トラブルがあったことは必ず報告してください。あとから再び問題となる可能性もありますので、起こったことはすべて報告します。
④会社は組織であり、仕事はチームで行うものです（第1章第6節）。たとえ自分で解決できると思っても、必ず相談し、了承を得てから実行に移すようにしましょう。
⑤まず、上司に連絡するのは大切ですが、チームのメンバーにも自分から連絡するようにしましょう。上司からほかのメンバーへ話があった場合、連絡がなかったことを不愉快に思うメンバーもいるかもしれません。チームで動いている仕事は、自分から連絡をしましょう。なお、口頭だけではなく、メールなどの文書で伝えることもよい方法です。

2.
解答：③（または②）
理由の解答例：
　電車の中では、携帯電話での通話は控えることになっているため、まず、携帯メールやSNSで取り急ぎの連絡をする。電車から降りたら、改めて会社に電話を入れることで連絡が徹底される。
解説：
①悪くはない判断ですが、電車の中では通話は控えるべきです。次の駅などで降りてから電話をするほうがいいでしょう。
②出勤時間までに十分時間がある場合であれば、電車の事故の様子を見てから連絡を入れるのもよいでしょう。
③出勤前ということもあり、上司や同僚も通勤途中であることが考えられ、電話をかけても出られない状況である可能性もあります。あらかじめ、通話以外の連絡方法を確認しておきましょう。
④遅刻の際は、必ず、事前に連絡をします。なお、遅延証明書（第2章第1節）の提出が必要な会社であれば、駅で受け取ったり、ホームページからダウンロードしたりといった対応もしましょう。

3.

解答例：

　相談の時間帯を決めるのはどうでしょうか。たとえば、15時から15時半までは「相談の時間」と決め、相談がある人には「相談の時間」に来てもらいます。もしも、15時から15時半では都合が悪い日があれば、掲示板のようなものを用意し、「今日の相談可能時間帯」を記入できるようにしておくのはどうでしょうか。

解説：

　この方法により、相談する人は相談できる時間帯がわかり、先輩も時間を有効に使うことができます。

7 職場の写真を見せたかったのですが……（情報管理）　本文P.70

■ クイズに答えましょう ■

答え：① CC に入れて送った　②メールの本文にパスワードを記入して送った　③すぐに削除した

解説：

① CC では、メールを送ったすべての人にメールアドレスが見えてしまうため、BCC を使います。
　メールアドレスは個人情報ですから、取り扱いには十分注意しましょう。

②パスワードを送るときは、別のメールで送ります。同じメールで送ってはセキュリティ対策になりません。

③削除する前に、周りの人に確認します。ほかの人にとっては重要なメールという可能性もあります。

■ 理解を深めましょう！ ■

1.

解答例：

　メールで重要な書類を送るときは、パスワードをかけて送りましょう。メールアドレスを教え合っていない人たちへのメールには BCC を使いましょう。また、送信者のわからないメールや中身が不明な添付ファイルは、開かずに周りの人に相談してください。席を立つときには、机の上の書類は裏を向けて置いたり、パソコンを閉じたりしましょう。

解説：

　大切な情報を外部にもらしたために、会社が損害を受けることもあります。情報管理の方法は、会社によって違いますので、それぞれのルールに従ってください。

2.

解答：②

解説：

　職場の写真や仕事に関する写真は、基本的には SNS に投稿してはいけません。会社の中には、自分にとっては何の問題もないと思っているものでも、他社の人にとっては重要な情報になるものがあるため、注意が必要です。

3.

解答：①○　②○　③×　④○　⑤×

解説：

①日本には、個人情報の保護に関する法律（個人情報保護法）という法律があります。

②写っている人が誰であるかがわかる写真や、メールのアドレスなども、個人情報に含まれます。

③自分にとっては仕事に関係がないと思えるものも、価値のある情報だと考える人もいます。SNSへの投稿は、自分の判断で行ってはいけません。また、職場での写真撮影は、基本的には禁止されていることが多いです。

④レストランや電車の中などは、誰が話を聞いているかわかりませんので、十分注意してください。

⑤会社の物を持ち帰ることは、盗んだことにもなりかねません。数の多さが問題ではなく、会社の物と自分の物は、きちんと区別しましょう。

8 先輩の外見をほめたのですが……（ハラスメント）　本文P.74

┃ クイズに答えましょう ┃

答え：③

解説：

①わざとしたことでなくても、相手が不快に感じればハラスメントになります。

②セクシャルハラスメントは、男性が女性に行うものだと思われていましたが、性別は関係ありません。女性が短いスカートをはいていることを男性が不快に感じることもあります。

③誰かに自分のことばや態度を注意されたときは、まず、相手を不快にさせてしまったことを謝りましょう。

④職場でハラスメントを受けていると感じたときは、1人で悩まずに相談しましょう。ハラスメントの相談窓口を用意している会社もあります。

┃ 理解を深めましょう！ ┃

1.

解答例：

　ハラスメントは、相手を不快にさせたり、相手が不利になるようなことをしたりすることです。わざと不快・不利になることをしているかではなく、相手がどう思うかで、ハラスメントになります。性的な言動で相手を傷つけるセクシャルハラスメント、職場の地位を利用したパワーハラスメントなどがあります。

解説：

　ハラスメントをする側にも受ける側にもならないように気をつけなければなりません。職場でも、ハラスメントを防止するための研修や教育が行われています。

2.

①

解答：結婚おめでとう。来年はパパかな？

理由の解答例：

　子どもを持つかどうかは個人的な問題であり、上司には関係ない。子どもを持たないと決めているかもしれないのに、そのような言い方は問題がある。

②
解答：男なんだから、プレゼンテーションのときは、もっと大きな声で話しなさい
理由の解答例：

　プレゼンテーションのときの声が小さかったなら、『大きな声で話して』とだけ言えばいい。「男だから」という言い方は問題がある。

③
解答：今月の営業成績、女性社員にも負けて恥ずかしくないの？
理由の解答例：

　営業成績が悪くて恥ずかしく思うのは、「女性社員に負けたから」ではない。男性も女性も同じ仕事をしているのに、そのように比べるのは問題がある。

解説：

　「結婚したから子どもを持つ」「男性だからか大きな声で話す」「男性は女性に負けてはいけない」という考え方は、セクシャルハラスメントととらえられる可能性があります。

3.
解答例：
・自分の発言に対して、相手がどのような反応をしているのか、日ごろから注意しておく。
・相手が少しでもいやな顔をしていることがあれば、同じ言動はしないようにする。
・職場の人といい人間関係を築いておく。
解説：

　何を不快に感じるかは、人によって違います。自分の発言を相手がどう感じているのかに注意します。もしも相手がいやな顔をしていることがあれば、同じことは二度としないようにしましょう。また、同じことばや行動であっても、いやだと感じるかどうかは、相手との関係によっても違います。日ごろから職場の人といい人間関係を築いておくことも大切です。

第3章　社内のマナー

1 話はきちんと聞いていますが……（話を聞くとき）　本文P.80

クイズに答えましょう

答え：⑤
解説：
　まず、相手の顔を見ます（①）。また、話の内容にうなずいたり（②）、「はい」「ええ」「そうですか」などの相づちを打ったりします（③）。ただし、ずっと見つめているのではなく、メモを取ることも大切です（④）。下を向いたままでは、話を聞いているのか相手にわからないため、適切ではありません（⑤）。

理解を深めましょう！

1.
解答例：
① （へえ〜／そうなんだ／わあ、いいなあ／で、どうだった？）
② （それは残念だったね／そっかあ／そうだったんだ〜）
③ （そうなんだ／よかったね！／いいなあ）
解説：
　相手の話に興味・関心を持っていることを上手に示しましょう。ことばだけではなく、表情や声のトーンを意識することも忘れないようにしましょう。

2.
解答例：
① （はい、ございます／はい、午後は時間があります）
② （それは、いいですね／ああ、新しい店舗の件ですね）
③ （はい／ええ／そのとおりですね／そのほうがいいですね）
④ （かしこまりました／承知いたしました／はい、やってみます）
解説：
　上司と部下の関係のため、丁寧な相づちを使います。

3.
解答例：
① （はい／ええ）
② （そうなんですか／それはおめでとうございます／はい）
③ （そうなんですね／はい）
④ （そうですね／たしかに／ええ）
⑤ （それはありがとうございます／はい、ぜひ！／そうなんですか）

⑥（承知いたしました／ありがとうございます／お待ちしております）
解説：
　取引先との会話のため、丁寧な相づちを使い、さらに、関心を持っていることを態度や声のトーンでも表します。

2 内容を忘れることはありませんが……（指示を受けるとき）　本文P.84

クイズに答えましょう

答え：②
解説：
　上司に呼ばれたら、たとえ今進めている仕事が忙しくても、いったん手を止めて、上司のところに行きましょう。

理解を深めましょう！

1.
①
解答例：
A：確認すべきこと
・来週木曜日の午後来社されるとは、何時に来るのか。
・例の件とは、どの案件のことなのか。
・資料の準備内容は何か、資料のコピー部数は何部（来客の人数は何人）なのか。
・会議の時間帯、会議室の使用内容はどうするのか。
B：聞き返し方
・『来週木曜日の午後来社されるとのことですが、何時にいらっしゃいますか？』
・『例の件とは、先月、打ち合わせをした展示会の件でしょうか？』
・『資料ですが、企画書、チラシ案、会場地図でよろしいでしょうか？　ほかに準備しておくべきものはありますか？』『資料は何部コピーしておけばよろしいでしょうか？』
・『会議室ですが、どの部屋をご用意しましょうか？』『14時から15時半までの予約でよろしいでしょうか？』『備品は、プロジェクターとノートパソコンでよろしいでしょうか？』
②
解答：
（　B　）⇒（　A　）⇒（　E　）⇒（　C　）⇒（　D　）
解説：
①『例の件とは、何ですか？』と聞くと、「そんなこともわからないのか」と思われるおそれもあります。具体的に、『○○の件ですか？』と確認したほうが、上司も安心します。
②まず、会議室を確保しましょう（B）。会議に参加する人が全員で何人かによって会議室の広さが決まりますので、予約をする前に人数を確認しましょう。実際の人数が入りきれない会議室を予約しないように注意します。また、ホワイトボード、プロジェクター、スクリーンなど、備品についても確認しておきます。次に、資料作成に取りかかります（A）。資料のコピーをする前に、課長に資料の内容を確認してもらいます（E）。資料が確定したら、会議の参加人数分のコピー

をします（C）。お茶の準備は、当日の会議開始前でいいでしょう（D）。あらかじめ、ペットボトルのお茶などを購入しておく必要があれば、会議の前日や朝のうちに手配しておきましょう。

2.
解答例：
① （お疲れ様です／何でしょうか？）
② （承知いたしました／かしこまりました）
③ （なるはや）
④ （いつまでに課長にお見せできるようにすればよろしいでしょうか？）
⑤ （わかりました／承知しました／かしこまりました）
⑥ （はい、午前中にお渡しします／承知いたしました）

解説：
　指示の確認は、具体的にすることを心がけましょう。いつまでに、どのように、何を、誰になど、指示があいまいであれば、自分自身のためにも詳細を確認しておきましょう。なお、「午後一」とは午後一番の省略で、昼休み直後の時間を意味します。「朝一」という場合は、朝一番の省略であり、就業時間が9時の場合は9時から10時くらいまでの間と考えます。また、「なるはや」とは、なるべく早くの省略であり、職場でもよく使われています。ただし、正式なことばではないため、お客さまには使わないようにしましょう。

3 自分は悪くないのですが……（注意を受けたとき）　本文P.88

クイズに答えましょう

答え：①、②、③、④、⑤、⑥
解説：
　「すみません」は、状況や場面に応じて①〜⑥すべての意味で使われます。
①日本人は、感謝の気持ちとともに、相手に対して「すまない」という気持ちを持つことがあります。たとえば、電車の中で席を譲ってもらった場合、『ありがとうございます』と言う人だけでなく、『すみません』『申し訳ありません』と言う人もいます。
②「あの」は、レストランで店員を呼ぶときや知らない人に話しかけるときに、時間を取らせて申し訳ないという意味で使います。『あの、すみません』と言うこともあります。
③「ちょっと……」は呼びかけのときに使いますが、断りたいときや賛成できないときに、相手の気持ちに応えられなくて申し訳ないという意味で使います。『すみませんが、ちょっと……』と言うこともあります。
④「申し訳ございません」は、「すみません」より丁寧な謝罪のことばです。
⑤「ごめん」は、「すみません」のくだけた謝罪のことばです。
⑥「お願いします」は、何かをお願いするときに、相手に時間を取らせて申し訳ないという意味で使います。『すみません。お願いします』と言うこともあります。

1.

解答：①C　②B　③E　④A　⑤D

解説：

①まず、『誠に申し訳ございません』と謝り、相手の感情をしずめます。

②相手の話を聞いて、『すぐに、チキン定食をお持ちします』と解決案を伝えます。誠意を持って対応することが大切です。

③④相手の質問に、きちんと対応します。自分の判断で不正確な情報を与えず、担当者（この場合、チキン定食を作る人）に確認してから、具体的な時間を伝えます。

⑤最後に、もう一度謝罪のことばを伝えます。

2.

解答：①B　②D　③A　④E（またはC）　⑤C（またはE）

解説：

①電話での応対は、直接の応対のときより、さらに相手を待たせないことが大切です。請求書を調べるのに時間がかかるようであれば、いったん電話を切り、『こちらから折り返しお電話します』と伝えましょう。

②『経理部から今日中に出すように言われているのですが……』ということから、急ぎであることがわかります。迅速に対応することが必要です。

③どのように処理し、どのように対応するかを伝えます。

④⑤最後に、同じ間違いを繰り返さないようにするという今後の対応策と、謝罪のことばを伝えます。

4 友人と食事に行きましたが……（退社時のマナー）　本文P.92

クイズに答えましょう

答え：①、②、⑤

解説：

①退社時間（定時）になっているため、『お先に失礼します』と言って退社することは問題ありません。

②念のため、上司に帰ってもいいか確認することも正しい対応です。

③じゃまになるからと考えて黙って帰るのは、もっとも悪い対応です。必ず、周りの人に声をかけてから退社するようにしましょう。

④ただ残っていては、会社に無駄な給料を支払わせることになり、迷惑です。

⑤退社後、何も予定がないのであれば、何かすることはないか聞いてみるのもよいでしょう。

1.

解答例：

・30分なら手伝えると申し出る。
・『本当はお手伝いしたいところなんですが、実は今夜、どうしても外せない用事がありまして。申し訳ありませんが、お先に失礼させていただきます』と言う。

解説：

　30分くらいなら手伝えるという申し出は、相手が手伝いを依頼するかの判断材料になります。相手は、30分でも手伝ってもらうか、30分しかないのなら頼まないでおくのか、選択ができます。また、申し出た本人も、30分後の予定に影響を出さないように時間を使えます。

　また、『本当はお手伝いしたいところなのですが……』と伝えれば、相手は、『気持ちだけでいいですよ。お疲れ様でした』とことばを返しくれるはずです。よい人間関係を築くためには、相手にことばをかけることが大切です。

2.

解答例：

①お先に失礼します
②あ、山田さんはまだ帰らないんですか？／お帰りにならないんですか？
③それは大変ですね。よかったら何かお手伝いしましょうか
④そうですか。わかりました。それでは、申し訳ないですが、お先に失礼します

解説：

①ビジネスでは、「さようなら」とは言いません。『お疲れ様でした』や『お先に失礼します』が「さようなら」の意味で使われます。
②黙って帰るよりも、相手の状況を聞くことで、相手を気づかっていることがわかります。
③手伝う時間がなければ、『お手伝いしたいところなのですが……』というように、相手に対して申し訳ないという気持ちを伝えましょう。
④『申し訳ないですが』『あまり無理しないでくださいね』『遅くならないよう、気をつけてください』などと、相手を気づかうことばを加えましょう。

3.

解答例：

①外せない用事があるため、定時で失礼させていただきます
②本日終わらなかった業務については、明日午前中には終わらせます

解説：

　定時で帰ることはもちろん問題ありません。ただし、自分の仕事が終わらなかった場合に、残業ができないときは、上司に解決策を提示して了解を得ます。対処法がわからない場合は、上司に相談して指示を仰いでください。

5 同僚の家族に不幸がありましたが…（葬儀のマナー）　本文P.96

■ **クイズに答えましょう** ■

答え：①、④
解説：
①通夜の場合は急いでかけつけるということもあり、派手でなければそのままの服装で行ってもいいですが、葬式の場合は黒い服（喪服）を着ていきます。
②関係が近い人のときは、行くことが望ましいです。しかし、葬式には行き通夜には行かないこともあります。反対に、通夜に行けば葬式には行かないということもあります。
③葬儀での食事は、亡くなった人の話をする場であり、話すことで残された人々の心がなぐさめられます。ぜひ、少しの時間でも参加しましょう。
④亡くなった人や喪主との関係を考えて、適切な額のお金を香典袋に入れて持って行きます。
⑤人の死は予測ができないものです。新札（使われていない、きれいなお札）を入れると、あらかじめ準備していたようにも思えます。このため、新札ではなく、財布に入っているお札をあわてて取り出したという意味で普通のお札を入れます。

■ **理解を深めましょう！** ■

1.
解答例：
　お通夜に行くときは、できるだけ、地味な服装をして行ったほうがいいです。香典といって、お金を封筒に入れて持っていくのですが、封筒には「香典袋」と書いてあり、コンビニエンスストアや駅の売店でも売っているので、すぐに買うことができます。香典は同僚の家族の場合、3,000円程度です。男性は、派手なネクタイをしていたら、ネクタイは黒い色のものに替えて行ったほうがいいです。女性は、派手なイヤリングやネックレスなどのアクセサリーは外して、化粧は薄めにしておきます。
解説：
　服装は大切ですが、急いでかけつけたという気持ちを伝えることが大切です。

2.
解答例：
　通夜の会場に着いたら、受付で『このたびは……』などとお悔やみのことばを伝えながら、香典を渡します。受付の人に促されたら、受付で芳名帳に名前を書いてください。
解説：
　受付で、先に名前を書く場合もあります。そのあと、お悔やみのことばを伝えながら、香典を渡します。

3.
解答：①○　②×　③×
解説：
①葬儀は、亡くなった人を見送るためのものですが、同時に、遺族にお悔やみを言ってなぐさめる

28

ためのものでもあります。葬儀は、大切な人が亡くなった悲しみをまぎらわせるものともいえます。

②食事は、遺族とのコミュニケーションを取るための機会でもあり、出されたものは、少しでも食べていくことが供養になると考えられます。ただし、長くいる必要はなく、食事もすべて食べなくてはいけないということはありません。

③抹香は2～3回、指でつまんだ量を入れます。焼香にも手順があります。わからなければ、前の人のやり方をよく観察し、自分も同じようにするといいでしょう。

6 職場でチョコレートを渡す人を見ますが……（贈答のマナー）　本文P.100

クイズに答えましょう

答え：③
解説：
①日本では、バレンタインデーに、女性が男性にチョコレートをプレゼントする習慣がありますが、義務ではありません。
②日本の贈答のマナーという点からは、バレンタインデーにチョコレートをもらった人は、ホワイトデーにお返しをしたほうがいいですが、義務ではありません。
③ホワイトデーは、日本の菓子メーカーの団体が作った行事です。

理解を深めましょう！

1.
解答例：
　同僚女性のみんなが、職場のほかの男性社員にもプレゼントをしていたら、自分の会社の慣習と考え、『ありがとうございます』とお礼を言って受け取りましょう。なお、日本には、3月14日に、ホワイトデーという、バレンタインデーのプレゼントへのお返しをする日があります。高い金額のものでなくてもいいので、できれば、ホワイトデーにプレゼントをくれた同僚女性のみんなにお返しをするとよいでしょう。
解説：
　贈り物は、基本的には贈るという気持ちが大切です。贈ってくれた相手の気持ちを思いやることも忘れないようにしましょう。

2.
解答例：
・自分の国のお土産を渡したり、上司の誕生日に何かプレゼントを贈ったりする。
・お中元やお歳暮などの機会に、季節の贈り物をする。
解説：
　高価なものをあげようと考える必要はありません。ふだんのお礼に、自分にできることをするといいでしょう。

3.

解答：①× ②○ ③× ④○ ⑤×

解説：

①贈り物にはお返しをするというのが日本の贈答文化ですが、いつも必ず返さなければならないというわけではありません。

②出産祝いをもらったら、一般的にお返しに内祝いを贈ります。出産祝いにはお金をもらうこともあれば、赤ちゃんの服などをもらうこともよくあります。内祝いには、タオルやお菓子など、さまざまなものが贈られます。

③お返しは、「半返し」といって、一般的に、もらった物の半分くらいの金額のものを贈ります。

④葬儀では、香典として、香典袋にお金を入れて持っていったり、花や菓子、線香などを贈ったりすることもあります。

⑤休暇の土産はルールではありません。ただし、休暇を取った分、職場に迷惑をかけたという気持ちや、自分の代わりに仕事をしてくれた同僚へのお礼の気持ちを込めて、土産を配ることがよくあります。土産には、休暇中に過ごした場所の特産品（お菓子）などが一般的です。

7 箸の使い方を注意されましたが……（食事のマナー） 本文P.104

■ クイズに答えましょう ■

答え：②

解説：

①箸は自分に近いところに置きます。

②箸は基本的に右手に持って使うものなので、持ち手は右に、箸置きは左に置きます。

③箸の向きと箸置きの位置が逆です。

④中国や韓国では、箸の先を自分と反対の側に向けて縦に置きますが、日本では、手前に横に置きます。

■ 理解を深めましょう！ ■

1.

解答例：

　日本では、ごはんや味噌汁などの器は持ち上げて食べることがマナーです。基本的には、左手で器を持ち、右手で箸を持って食べます。箸の持ち方や使い方もマナー違反にならないように気をつけてください。

　うどん、そば、ラーメンなどは、音を立てて食べてもいいですが、パスタは音を立てないで食べるのが普通です。

解説：

　パスタは洋食に入るもののため、音を立てないほうが自然ととらえられています。なお、和食の麺類のほか、味噌汁やお茶などの熱い飲み物も、音を立ててもよいととらえられています。

2.

解答：①○ ②× ③× ④× ⑤×

解説：

①複数の人と一緒に大皿から料理を取り分けながら食事をするときは、基本的に「取り箸」という箸が別に用意されています。自分の箸を使って大皿から食べ物を取るのを「じか箸」といい、基本的に箸のマナー違反です。なお、家族など親しい人同士の食事のときに、『じか箸でどうぞ』とすすめられたときは、自分の箸で取って食べても問題ありません。

②和食のマナーでは、熱い汁物を飲むときも、器を持ち上げて食べるのが基本です。

③食べ物を突き刺して食べるのを「さし箸」といい、基本的に箸のマナー違反です。

④和食といわれるうどん、そば、ラーメンを食べるときは音を立ててもよいのですが、洋食ととらえられるパスタを食べるときは、音を立てるのはマナー違反です。

⑤箸を1本ずつ別々に使うことは、箸のマナー違反です。

3.

解答例：

　自分の国では、音を立てて食べるのはマナー違反とされています。小さいころから音を立てないで食べてきたので、そばを食べるときも、音を立てることには抵抗があります。もちろん、日本の人が、音を立ててそばを食べることは、文化として尊重しますが、すみませんが、私自身はまねることはできません。

解説：

　自分の気持ちを率直に伝え、相手に理解してもらうように働きかけましょう。

8 ビールは自分でつげるのですが……（お酒の席のマナー）　本文P.108

｜ クイズに答えましょう ｜

答え：①D　②C　③B　④E　⑤A

解説：

①新入社員が入ったときや、転勤などで新しい社員が来たときに行います。

②社員が退職するときや、転勤で別の職場に異動する人がいるときに行います。

③夏の暑い時期に、暑さに負けずにがんばろうという意味で行います。納涼会と呼ばれることもあります。

④1年の最後に、「今年もお疲れ様でした」という意味で行います。クリスマスパーティーや忘年会と呼ばれることもあります。

⑤大きな仕事が終わったときに、「お疲れ様でした」「うまくいってよかった」という意味で行います。なお、「打ち上げる」というのは、「舞台などを終える」という意味があります。

｜ 理解を深めましょう! ｜

1.

解答例：

　お酒が苦手であることを、正直に話しておきましょう。無理をしてお酒の誘いを受けると、相手はお酒が好きだと誤解してしまいます。最初にきちんと説明をしておけば、何度も誘いを受けることもないでしょう。

また、お酒の席に参加しても、アルコールは飲まないで、ソフトドリンクと呼ばれているノンアルコール飲料を飲むことも可能です。ノンアルコール飲料を飲みながら、お酒の席を楽しむのも、たまにはいいのではないでしょうか。

解説：

　最近は、飲みに誘うこと自体がパワーハラスメント（第2章第8節）ととらえられる場合もあり、誘われることも少なくなっているようです。誘われてもお酒は困るという場合は、相手に伝えたり、ほかの方法でコミュニケーションを楽しんだりしましょう。

2.

解答：①×　②×　③〇　④×

解説：

①乾杯のあいさつがあってから飲み始めます。

②海外では、乾杯の声とともに飲みほすのがマナーという国もありますが、日本では、飲みほす必要はありません。

③宴会の目的は、お酒を飲むだけではありません。食べたり飲んだりしながら、職場の人といろいろな話をする場です。アルコールの入っていない飲み物もありますので、心配せずに参加してください。ただし、お酒が飲めないことは、先に話しておくといいでしょう。

④自分で自分のグラスにお酒をつぐことはよくないマナーと考え、すすめられるのを待っている人もいます。このため、『いかがですか？』『おつぎしましょうか？』というように、進んで申し出るといいでしょう。

3.

①

解答例：『いいですねえ。行きましょう！』

②

解答例：『申し訳ありません。今夜は先約がありまして……。また今度、誘ってください』

解説：

　上司に飲みに誘われたとき、行きたい場合は明るく答えましょう。行きたくない場合は無理に応じる必要はありませんので、誘ってくれたことへの感謝のことばを添えて丁寧に断りましょう。

4.

①

解答例：（ビールを）おつぎしましょうか？／つぎましょうか？

②

解答例：Ａ：ありがとうございます。いただきます　Ｂ：もう、結構です

解説：

①日本では、自分でお酒をついで飲むことは、マナーがよくないと考えられています。このため、グラスが空になっているのに気づいたら、『つぎましょうか』と申し出ましょう。

②まだ飲みたかったら、『ありがとうございます』と言って、ついでもらいましょう。また、もう飲みたくなかったら、『結構です』『もう十分です』などと言って断りましょう。

第4章　社外のマナー

1 電話のあとに先輩に注意されましたが……（ウチとソトの関係）　本文P.114

クイズに答えましょう

答え：ウチ（①、④、⑦、⑨、⑫、⑬、⑮）

　　　ソト（②、③、⑤、⑥、⑧、⑩、⑪、⑭、⑯）

解説：

　　自分の親について話すときは、「父」「母」を使います。相手の親について話すときは、「お父さん」「お母さん」、または、さらに丁寧に「お父さま」「お母さま」を使います（①～⑥）。

　　相手のことを話すとき、「家族」「意見」のように音読みすることばには、一般的に「ご」を付けます。また、「荷物」のように訓読みすることばには、一般的に「お」を付けます（⑦⑧⑬～⑯）。ただし、「電話」のように、音読みでも「お電話」になるという例外もあります。

　　自分の会社には「当社」「弊社」を使い、相手の会社には「御社」「貴社」を使います（⑨～⑫）。「御社」「貴社」は同じように使われますが、書きことば（第5章第2節）では、「貴社」を使うことが一般的です。

理解を深めましょう!

1.

解答：①A　②B　③B　④B　⑤A

解説：

①ジャパン物産の佐藤さんと上司の渡辺課長は、ワールド商事のビルの前で話しています。渡辺さんは、佐藤さんの上司ですから、渡辺課長と敬称（ここでは役職）を付けて呼びます。

②～⑤ワールド商事の会議室には、ジャパン物産の佐藤さんと渡辺課長、ワールド商事の山田さんがいます。佐藤さんと渡辺課長は同じグループですから、佐藤さんが渡辺課長を呼ぶとき、または、渡辺さんが佐藤さんを呼ぶときは、敬称を付けません。山田さんは、佐藤さんは違うグループですから、敬称を付けて「佐藤さん」と呼びます。なお、役職に続けて「さん」を付けるのは間違いです。

2.

①

解答例：

（鈴木課長→鈴木／課長の鈴木）（外している→外しております）

②

解答例：

（鈴木課長→鈴木）（いるか→おりますか）（鈴木課長→鈴木課長）（席を外している→席を外していらっしゃいます）

③
解答例：

（どこにいたのか→どちらにいらっしゃったんですか）（鈴木課長の妻→（鈴木）課長の奥さま）（電話があった→お電話がありました）（言っていた→おっしゃっていました）

解説：

① 鈴木課長と田中さんは同じグループで、ふじ物産の山田さんが別のグループとなります。このため、田中さんにとって、山田さんが敬語を使う相手です。田中さんは自分と同じグループの鈴木課長の行動については謙譲語を使って、山田さんに説明します。

② 鈴木課長の家族が入りましたので、グループの区別が変わります。鈴木課長と鈴木課長の奥さま（妻）が同じグループとなり、田中さんは別のグループになります。このため、鈴木課長と奥さまが敬語を使う相手になります。鈴木課長の行動については尊敬語を使って、奥さまに説明します。

③ 同じ会社の中では、鈴木課長と田中さんは別のグループとなります。このため、鈴木課長の行動については尊敬語を使って質問します。また、話題に出てくる鈴木課長の奥さまは、鈴木課長と同じグループの人ですから、奥さまの行動についても尊敬語を使います。

2 名刺交換のことを注意されましたが……（名刺の扱い方）　本文P.118

クイズに答えましょう

答え：①、③、④

解説：

① 名刺はすぐにしまわず、打ち合わせのあいだは相手の名前の確認のためにも机の上に置いておきます。

② 本人の前で名刺に書き込みをするのは、大変失礼なことになります。書き込みをする場合は、会社に戻って名刺を整理するときにしましょう。

③ 間違った呼び方をしないように、きちんと確認することが大切です。あとから聞くほうが失礼になるため、名刺を受け取ったときに確認しましょう。

④ 相手との距離を縮めるためにも、雑談（第4章第3節）は効果的です。ただし、打ち合わせの時間が短いときもありますので、状況を見ながらにしましょう。

⑤ 自分の名刺がなくても、相手から差し出された名刺は受け取ります。そして、次回は必ず渡せるように準備しておきましょう。

理解を深めましょう！

1.

解答例：①B　②A　③B　④B　⑤B　⑥A

解説：

① 目下の人から目上の人に歩み寄り、名刺を差し出します。

② 真っ直ぐ立ったままではなく、軽く頭を下げてから名刺を渡します。

③ すでに席に座っていても、立ち上がって歩み寄り、立ったままで名刺を交換します。

④ 自分の名刺は、相手に名前が読める方向にして渡します。

⑤自分の名刺は、相手に名前が読めるように端を持って渡します。
⑥同時交換するために、右手と左手を使います。

2.
解答例：①（頂戴いたします）　②（ありがとうございます。頂戴いたします）
解説：
　名刺を受け取るときにも会釈をして、『ありがとうございます』『頂戴いたします』などと言いながら受け取ります。

3.
解答：Ａ：先に交換する人　（　⑤　）⇔（　①　）
　　　　　　　　　　　　　　　⇔（　②　）
　　　　　　　　　　　　　　　⇔（　③　）
　　　　　　　　　　　　　　　⇔（　④　）

　　　　Ｂ：次に交換する人　（　⑥　）⇔（　①　）
　　　　　　　　　　　　　　　⇔（　②　）
　　　　　　　　　　　　　　　⇔（　③　）

解説：
　名刺は、目下の人から目上の人へ順番に渡すのが基本的なルールです。まず、その場で一番目上の人たちが名刺交換をし、そのあとに、次に目上の人が一番目上の人から順番に交換をしていきます。取引先を訪問した際は、訪問した人から訪問先の人に渡します。

3 よく自分のことを聞かれますが……（仕事に役立つ雑談）　本文P.122

┃ クイズに答えましょう ┃

答え：①○　②×　③△　④○　⑤×
解説：

①天気は、もっとも話題にしやすいといえます。お互いのプライベートなことではなく、自然のことなので、好みなども関係なく話せます。たとえば、『今日は寒いですね』『毎日暑いですね』『雨の中の外出で、大変でしたね』などと話しかけましょう。
②初対面の人と家族の話をするのは、個人的すぎることのため避けましょう。ただし、ある程度親しい関係となってからは、『お子さまはお元気ですか』『夏休みはご家族とのご予定はあるんですか』といった話題も、親しさを示すことができてよいでしょう。
③初対面の人でも、オリンピックやワールドカップなど、誰でも知っているような話題であれば使えます。しかし、野球やサッカーなどに特定すると、相手に興味がない場合は話が続きません。相手に興味があった場合も、応援しているチームが異なると雰囲気が悪くなる可能性もあります。
④初対面の人でも、今朝のニュースであれば、知っていたり、興味を示してくれたりしやすいものです。なるべく、誰にでも共感が持てる話題を選びましょう。
⑤話題とした芸能人について、相手に興味があるかがわからないため、話題とするのは避けましょう。また、くだけすぎていて、ビジネスにふさわしくないともいえます。

1.

解答例：

・その日の天気
・Ａ社の場所
・来る途中の様子

解説：

　場所については、『便利なところにありますね』『窓からの景色がきれいですね』などと話しかけましょう。また、来る途中、道がわかりやすかった、電車の乗り換えは順調であったといったことも話題になります。

2.

解答例：

・弊社の場所は、すぐわかりましたか
・道に迷いませんでしたか
・こちらの方面にいらっしゃったのは、初めてですか

解説：

　晴れていれば、晴れていてよかったこと、雨であれば、足元が悪い中来てもらったことへの感謝の気持ちを伝えましょう。また、これからの天気の様子も話題になります。

3.

解答例：

①いつもお世話になっております
②こちらこそ、いつもお世話になっております。本日はご足労いただき、ありがとうございます
③とんでもないことです
④まだ雨は降っていましたか
⑤駅を出たときは、もうほとんど降っていませんでした。この辺りはお店も多くて便利そうですね
⑥ええ、おかげさまで、お昼休みの食事には困らないですよ
⑦うらやましいことです。弊社の周りにはあまり店がないので、不便なんですよ
⑧そうでしたか

解説：

　雑談に多く使われるのは、天気の話題です。「木戸に立てかけし衣食住」の「き（季節）」には、天気の話題も含まれています。また、「住」として、会社の住所（場所）も雑談に使えます。

4 タクシーで移動することになりましたが……（場所ごとの席次）　本文P.126

クイズに答えましょう

答え：

解説：

　タクシーの場合、運転手の後ろがもっとも安全で一番いい席（上座）とされています。次に、助手席の後ろ、その次は後ろの中央という順番になります。

　また、タクシーの場合、一番下の席（末席）は、助手席とされています。助手席は、目的地の指示や支払いをする人が座る席であり、事故などのときには危険性が高いことから、下座とされています。

理解を深めましょう!

1.

解答：

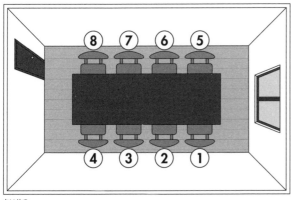

解説：

　もっとも上席に座るのは、お客さまである取引先の上司になります。このため、A社の部長（①）が一番奥の窓側の席に座り、順番に、A社の課長（②）、主任（③）、担当者（④）が入り口から離れた側に座ります。

　次に、入り口に近い側の奥から、自分の会社の部長（⑤）、課長（⑥）、主任（⑦）、担当者の自分（⑧）が座ります。自分が、入り口にもっとも近く、すぐに出入りできる末席に座ります。

2.
解答：

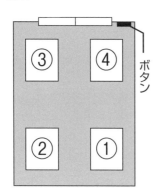

解説：
　エレベーターの中では、入り口から見て左側の奥がもっとも上座になります。このため、お客さまであるB社の課長（①）が上座に立ち、隣にB社の担当者（②）が立ちます。
　末席は、エレベーターのボタンを操作する場所のため、担当者の自分（④）が立ちます。自分の会社の課長（③）は、自分の会社の担当者の隣に立ちます。

5 お客さまを見送ったときに注意されましたが……（案内と見送り）　本文P.130

クイズに答えましょう

答え：③、⑤
解説：
①②部屋の中で見送ることは、ほとんどありません。ただし、同じ部屋で続いて別の会議があるといった場合、『こちらで失礼いたします』と言って、帰ってもらうことあります。少なくとも、初めての来客での会議後であれば、担当者が退出の誘導をすることが基本です。
③④どれほど忙しくても、お客さまが無事にエレベーターに乗り込み、扉が閉まるまでは見送ることが基本です。
⑤⑥お客さまの姿が見えなくなるまでは、見送りを続けることが基本です。

理解を深めましょう！

1.
解答：④
解説：
①真っ直ぐ前を歩くと、お客さまのじゃまになります。また、お客さまがついて来ているかが確認しにくいため、好ましくありません。
②隣を歩くことは、立場が対等という意味になるため、失礼にあたります。
③お客さまの後ろを歩くと、案内していることになりません。
④ななめ前を歩くと、お客さまも歩きやすく、お客さまの様子もわかります。歩く速度は、お客さまに合わせることを心がけましょう。

2.
解答：①B　②C　③A　④C　⑤B　⑥D
解説：
　ドアの開け閉めにも、お客さまを優先するという気持ちが表れます。また、安全にお客さまを案内するということも大切です。

3.

解答例：

　　お客さまが帰るときは、必ず見送ってください。会議室でお客さまだけが部屋を出ることがないように、エレベーターまで、または、玄関まで一緒に行ってください。訪問のお礼のあいさつをしたら、エレベーターでは、扉が閉まるまでお辞儀を続けます。玄関の場合は、お客さまの姿が見えなくなるまで見送ってください。

解説：

　　お客さまとの面談が終わっても、お客さまが会社を出るまではしっかり対応しましょう。お客さまに気持ちよく帰ってもらえるように、最後まで丁寧に見送ります。

6 訪問先のビルの前で注意されましたが……（訪問のマナー）　本文P.134

▌**クイズに答えましょう**▌

答え：①A（またはB）　②B（またはCまたはD）

解説：

①訪問先の会社内に、外の汚れを持ち込まないという理由から、コートは、中に入る前、つまり、玄関の前で脱いでおきます。多くの会社や飲食店が入っているビルであれば、中に入ったあと、エレベーターに乗る前に脱げばよいでしょう。ただし、訪問先の会社の人に会う可能性もあるため、なるべく建物の前で脱ぎましょう。

②コートを裏返しにする理由は、コートの外側には汚れが付いており、脱いだままでは汚れを中に持ち込むことになるという理由からです。コートが小さなもので、鞄に入るのであれば、折りたたんで入れてもよいでしょう。なお、会議室に案内されたあと、ハンガーに掛けるようにすすめられたら、お礼を述べてからハンガーを使うといいでしょう。

▌**理解を深めましょう!**▌

1.

解答：④

解説：

　　案内を受けるときは、案内してくれる人の2～3歩ななめ後ろを歩きます。案内してくれる人は、相手の歩く速度に合わせて歩くため、あまり速く歩き過ぎないようにします。

2

解答：①

解説：

　　エレベーターは密室のため、お客さまを中で1人にしないよう、案内する人が先に乗って迎え入れてくれ、降りるときは先に降ろしてくれます。

3.

解答：①A　②A　③A　④B　⑤B

　まず、案内してくれた人が、ドアを開け、『どうぞお入りください』などと声をかけて、訪問した人を先に入れてくれます。訪問した人は、『失礼します』と言って部屋に入ります。

4.
解答：④
解説：
　脱いだコートは、訪問先の外で着るのが基本的なマナーです。ただし、会議室の中で、『どうぞ寒いですから、コートをお召しください』とすすめられることもあります。その場合は、お礼を言って会議室の中でコートを着ても問題ありません。

7 お客さまがわかるように説明したのですが……（営業活動）　本文P.138

クイズに答えましょう

答え：①、②、③、④
解説：
①営業に行くときは、先にアポイントメントを取ります。
②資料は、相手の人数より2〜3部ほど多めに用意します。自分たちが使う分も忘れないように用意します。
③会社として、どのように仕事を進めるのか、相手の反応を予想して決めておきましょう。訪問先で、同じ会社の人同士が言い争うようなことは、あってはなりません。
④新製品について営業に行くのですから、まず、自分が新製品のことをよく理解しておかなければなりません。事前に、どのように説明すればいいのか練習をしておきましょう。
⑤議事録は、訪問後に、どのような話をしたのかをまとめるものです。訪問から帰ったら、なるべく早く作成して相手にも送っておきましょう。

理解を深めましょう！

1.
解答例：
・自分ばかり話しすぎないようにする。
・お客さまの話をしっかり聴く。
・他社のことでも、お客さまの役に立つ情報があれば伝える。
解説：
　営業活動では、上手に話すことは大切なことですが、上手に聴くことも重要です。営業の仕事は、お客さまの役に立つものを提供することですから、お客さまが何を必要としているかを知らなければなりません。そのためには、自分が話すばかりでなく、お客さまの話をしっかり聴くことが重要です。
　また、自分のお客さまを他社に取られたくないという考えから、他社のよい情報は伝えたくないという気持ちもあるでしょう。しかし、お客さまが自分の提供した情報に満足すれば、結局は、自社に戻ってきてくれることも期待できます。

2.

解答：①× ②○ ③× ④○ ⑤×

解説：

①飛び込み営業は、アポイントメントを取らずに、直接営業に出向く方法です。

②相手は自分の会社にいるため、どのような服を着ていても自由ですが、営業に行く人は、スーツを着て行きます。身だしなみを整えることで、相手を尊重することにもなります。

③事前に、訪問先の会社との関係、担当者について、営業活動の状況、今後どのようにしていきたいのかなどを説明しておきます。

④自分だけで答えられないことがあったときは、必ず持ち帰って確認します。

⑤自分とお客さまとの間で理解が違っていることがないよう、話を終える前に、今日の話の内容を簡単にまとめてお互いに確認しましょう。さらに、会社に戻ってから、話の内容を議事録にしてメールなどで送ると、間違いが防げます。

3.

解答例：

　『申し訳ありませんが、私の一存では決められませんので、社に戻って検討させてください。今週の金曜日までにはお返事するようにいたします』

解説：

　よくわからないことをあやふやなまま答えたり、重要な事項を上司の許可なく決めたりしてはいけません。必ず、会社に持ち帰って相談してください。『私の一存では決められません』とは、私1人では決められませんという意味です。『申し訳ありませんが』といったクッションことばと一緒に使いましょう。また、いつまでに返事をするのかも約束をしておきましょう。

4.

解答例：

・時間を作ってくれたことに対して、お客さまにお礼のメールを送る。

・話し合ったことを議事録などにまとめて、お客さまに送る。

・持ち帰り事項は、検討して早めに返事をする。

解説：

　営業活動は、お客さまを訪問して終わりではありません。お客さまへのお礼のメールや話し合ったことをまとめたものは、なるべく早くお客さまに送るようにしましょう。また、検討事項になったことは、約束の日までに必ず返事をします。約束の日までに返事ができないときは、進捗状況を伝えます。

8 自分の会社とは違うことを言われましたが……（派遣・出向）　本文P.142

クイズに答えましょう

答え：①C ②E ③A ④B ⑤D

解説：

　日本には、現在、さまざまな働き方があります。それぞれ特徴がありますので、自分に合った働き方を選ぶことが大切です。

1.

解答例：

　派遣には、いろいろな仕事が経験できる、困ったことがあったときには派遣会社の人に相談できる、派遣会社の保険などの制度を受けられるといういい点があります。ただし、派遣された会社で仕事ができるのは３年間までという点には注意したほうがいいです。また、仕事について指示をするのは、派遣先の上司です。今までの自分の仕事の経験から、こうしたほうがいいと思うことがあっても、勝手に変えるのではなく、派遣先の上司の許可を得るようにしてください。

解説：

　派遣会社には、多くの会社からの募集がくるため、さまざまな職場を経験するにはいい制度といえます。

2.

解答例：

　出向は、自社ではできない仕事や経験ができるといういい点があります。しかし、転勤とは違って出向先の子会社や関連会社と雇用契約を結びますので、勤務時間、休暇、給与などの雇用条件がどうなるのか、注意したほうがいいです。また、仕事について指示をするのは、出向先の上司です。今までの自分の仕事の経験から、こうしたほうがいいと思うことがあっても、勝手に変えるのではなく、出向先の職場の上司の許可を得るようにします。

解説：

　出向には、関連会社に不足している人材を送ったり、社員に自社ではできない仕事や経験をさせたりというねらいがあります。出向と聞くと、今の職場に適切な仕事がないためにほかの会社に行かされるという悪い印象を持つ人もいますが、いい機会と考えて仕事に取り組んでください。

3.

解答：④

解説：

①有名な大学の出身であることや、大きな会社で働いた経験があるということは、事実であっても、自慢のように受け取られることもあります。仕事の内容について話すことはいいのですが、学校名や会社名を強調しすぎないほうがいいでしょう。

②自分は親切のつもりでも、上から見ていると感じる人もいますので、初日のあいさつでは『わからないことがあったら、何でも聞いてください』といったことは、言わないようにします。仕事に少し慣れてから、『私はこの仕事をしていたことがあるので、よろしければ聞いてください』と言うといいでしょう。

③初対面の人の前で話すときは、丁寧なことばで話します。

④新しい職場には、その職場のルールがあります。ルールを教えてもらうという気持ちを忘れないようにします。

第5章　ビジネスのスキル

1 お客さまと敬語で話したのですが……（敬語の使い方）　本文P.148

クイズに答えましょう

答え：①B　②C　③A

解説：

①尊敬語には、「～れる／～られる」「お～になる／ご～になる」「特別なことば」という、3つの種類があります。たとえば、「ご覧になる」は「見る」の特別なことばの尊敬語です。

②謙譲語には、「お～する／ご～する」「特別なことば」という、2つの種類があります。たとえば、「拝見する」は「見る」の特別なことばの謙譲語です。

③丁寧語は、「～です・～ます」の形です。まずは、「～です・～ます」を使った話し方を心がけましょう。

理解を深めましょう!

1.

解答：①B　②A　③B　④A

解説：

①「いたしません」は「しない」の謙譲語で、「おりません」は「いない」の謙譲語です。

②「申します」は「言う」の謙譲語です。「申し上げます」は、あいさつでは「お願い申し上げます／お願いいたします」のように、「いたします」と同じ意味で使うことばです。

③「うかがいます」も「参ります」も「行く」の謙譲語です。ただし、「うかがいます」は向かう先に会う人（相手）がいるときに使いますが、「参ります」は向かう先に行くという意味で、会う人がいなくても使えます。

④「いたします」は「する」の謙譲語で、「申します」は「言う」の謙譲語です。「報告します」は「報告いたします」となります。

2.

①

解答：お帰りになりました

②

解答：お申し込みになりました

③

解答：お集まりになりました

解説：

「お～になる」を付けると、「帰る」は「お帰りになる」、「申し込む」は「お申し込みになる」、「集まる」は「お集まりになる」となります。

3.

①
<ruby>解答<rt>かいとう</rt></ruby>：お待ちください

②
<ruby>解答<rt>かいとう</rt></ruby>：お<ruby>降<rt>お</rt></ruby>りください

③
<ruby>解答<rt>かいとう</rt></ruby>：お読みください

④
<ruby>解答<rt>かいとう</rt></ruby>：ご<ruby>連絡<rt>れんらく</rt></ruby>ください

⑤
<ruby>解答<rt>かいとう</rt></ruby>：お入りください

⑥
<ruby>解答<rt>かいとう</rt></ruby>：お<ruby>取<rt>と</rt></ruby>りください

⑦
<ruby>解答<rt>かいとう</rt></ruby>：ご<ruby>記入<rt>き にゅう</rt></ruby>ください

<ruby>解説<rt>かいせつ</rt></ruby>：
　<ruby>基本的<rt>きほんてき</rt></ruby>には、漢字の<ruby>熟語<rt>じゅくご</rt></ruby>のことばの前には「ご」、<ruby>和語<rt>わご</rt></ruby>でひらがなのことばの前には「お」を<ruby>付<rt>つ</rt></ruby>けます。

4.

①
<ruby>解答<rt>かいとう</rt></ruby>：いただきました

②
<ruby>解答<rt>かいとう</rt></ruby>：おります

③
<ruby>解答<rt>かいとう</rt></ruby>：ご<ruby>説明<rt>せつめい</rt></ruby>します／ご<ruby>説明<rt>せつめい</rt></ruby>いたします

<ruby>解説<rt>かいせつ</rt></ruby>：
①「もらう」の<ruby>謙譲語<rt>けんじょうご</rt></ruby>は「いただく」です。
②「いる」の<ruby>謙譲語<rt>けんじょうご</rt></ruby>は「おる」です。
③「<ruby>説明<rt>せつめい</rt></ruby>する」の<ruby>謙譲語<rt>けんじょうご</rt></ruby>は「お／ご〜する」の<ruby>形<rt>かたち</rt></ruby>で「ご<ruby>説明<rt>せつめい</rt></ruby>する」になります。

2 いろいろな日本語の<ruby>表現<rt>ひょうげん</rt></ruby>を見ますが……（話しことばと書きことば）　<ruby>本文<rt>ほんぶん</rt></ruby>P.152

｜ クイズに答えましょう ｜

答え：
　<ruby>今日<rt>きょう</rt></ruby>の<ruby>会議<rt>かいぎ</rt></ruby>では、<ruby>予算<rt>よさん</rt></ruby>とか<ruby>企画<rt>きかく</rt></ruby>とか、まだ<ruby>検討<rt>けんとう</rt></ruby>しなくちゃいけない問題について、たくさん<ruby>議論<rt>ぎろん</rt></ruby>した。これからまた、<ruby>会議<rt>かい</rt></ruby>を何回もやっていかなくちゃいけない。いろんな意見をまとめて、どんな<ruby>方法<rt>ほうほう</rt></ruby>で、<ruby>予算内<rt>よさんない</rt></ruby>にこの<ruby>企画<rt>きかく</rt></ruby>を<ruby>進<rt>すす</rt></ruby>めていくのか、とても<ruby>難<rt>むずか</rt></ruby>しそうだ。でも、みんなでがんばって、どういうふうにしたらいいか考えていきたいと思う。

<ruby>解説<rt>かいせつ</rt></ruby>：
　書きことばと話しことばが<ruby>混在<rt>こんざい</rt></ruby>しないようにしましょう。

1.

解答例：①本日　②や〜や／や〜など　③しなければならない　④多くの／数多く　⑤今後　⑥再度／再び　⑦実施する必要がある　⑧さまざまな　⑨どのような　⑩大変／非常に　⑪しかし　⑫皆　⑬努力し　⑭どのように対応したらいいか／どのように対応していけばいいか　⑮考えたい／検討していきたい

解説：

職場で書く文章は「〜である・だ体（常体）」で書くものが多いです。書きことばを覚えましょう。

2.

解答例：

　最近、お年寄りや子どもに対する犯罪が増えています。また、ネット社会になっている今の時代、いろいろなところに危険が隠れています。でも、私たちは、便利さを求め過ぎて、「顔の見えない道具」に頼ってばかりいるのも事実です。お年寄りや子どもといった弱い人たちをねらった犯罪を起こさせないようにするためには、もっと相手の顔を見て、直接コミュニケーションを取ることができる社会へ変えることが、これからの新しい時代に、求められているのではないでしょうか。

解説：

　文体は、「〜である・だ体（常体）」か「〜です・ます体（敬体）」に統一しましょう。

3 パソコンで入力したのですが……（漢字の使い方）　本文P.156

答え：⑥

解説：

　西の訓読みは「にし」、音読みは「さい」です。また、東の訓読みは「ひがし」音読みは「とう」です。

1.

解答：山元

解説：

　フジサン（富士山）の「ヤマ（山）」、ゲンキ（元気）の「ゲン（元）」ですから、「山元」と書きます。

2.

解答例：

　『コウは黄色の「キ」で、文は文章の「ブン」、リキは「ちから」という字です』

解説：

　どのような漢字を書くか説明するときは、誰でも知っている漢字を選んで紹介します。黄（コウ）の漢字を説明するときに、「黄色のキ」と紹介すれば、すぐにわかってもらえますが、「黄金色のコ」

などとするとわかりにくくなります。

3.
解答：①謝り ②誤り ③意外 ④以外 ⑤治り ⑥直る ⑦超えて ⑧関心 ⑨空いて
　　　⑩代わり／替わり
解説：
①謝罪をするという意味です。
②間違いという意味です。
③思いがけないという意味です。
④そのほかという意味です。
⑤体の症状が戻って健康になるという意味です。
⑥壊れたものがもとに戻るという意味です。
⑦ある一定の時間数よりも多いという意味です。
⑧興味があるという意味です。
⑨予定が入っていないという意味です。
⑩「山田に代わり」は、いつもなら担当は山田さんだが、今回だけ自分が代わって対応するという
　意味になります。「山田に替わり」は、山田さんと自分の役割が入れ替わったという意味になり
　ます。

4 お客さまにメールであいさつをしましたが……（ビジネスメールの形式）　本文P.160

┃ クイズに答えましょう

①
答えの例：「はじめまして」では、誰からのメールかわからない。迷惑メールと間違われてしまう
　　　　　可能性がある。
解説：
　もう少し丁寧な言い方に変えます。また、「はじめてご連絡します【ABC商事田中】」のように、
誰から送ったかがわかるように会社名や名前を入れるとよいです。
②
答えの例：「納期の件」だけでは、何の納期のことなのかがわからない。
解説：
　「新商品納期の件」あるいは「納期変更依頼の件」のように、納期の何についてかわかるように
情報を加えるとよいです。
③
答えの例：長すぎるため、画面の中で全部見えない可能性がある。
解説：
　件名は、長くても20文字以内にしましょう。「会議日程変更の件」とすると、多くの情報がひと
目でわかります。

1.

解答例：（かいとうれい）

　郵便で送る文書は届くまでに時間がかかりますが、メールならすぐに届きます。また、文書は正式なお知らせなどに使われるので、丁寧なあいさつのことばが必要ですが、メールには不要です。電話で話したり聞いたりしたことは、あとで間違いがあったときにわからなくなりますが、メールなら前に送ったものを確認できます。また、遅い時間や早い時間に電話をするのは失礼ですが、メールは相手の都合のいい時間に読むことができるので、時間を気にする必要がありません。

　ただし、電話は直接相手と話すので、話が伝わったかがわかりますが、メールは相手から返事がないと、メールを読んだのかがわかりません。メールは、1つの操作で簡単に送れますが、宛て先を間違えると、そのまま違う人に送られてしまいます。一度送ったメールは、取り戻すことができないので注意が必要です。

解説：（かいせつ）

　文書や電話に比べて便利な点として、文書より早く届く、文書のような長いあいさつを書かなくてもいい、電話と違って記録が残る、電話をかけるときと違って時間を気にせず送ることができるなどがあります。気をつけたほうがいい点としては、相手が読んだかどうかがわからない。宛て先を間違えやすいなどがあります。

2.

解答例：（かいとうれい）

・送る相手の名前を書く。
・自分の名前を書く。
・行を変えたり、段落を変えたりして読みやすくする。

解説：（かいせつ）

　SNSは、すでに連絡先を登録している相手に送ることが多いため、相手の名前や自分の名前を書かないことがほとんどです。しかし、ビジネスメールでは、必ず相手の名前と自分の名前を書きます。パソコンの画面では、行や段落を変えていない文章は非常に読みにくいものです。メールは読みやすく書くことが基本であり、内容ごとに段落を変えたり、文の切れ目で改行したりします。

3.

解答：（かいとう） ①× ②× ③○ ④× ⑤×

解説：（かいせつ）

①ビジネスメールよりもビジネス文書のほうが正式なものです。このため、正式な通知などは文書を使います。

②社外メールのあいさつでは「お世話になっております」が一般的です。ただし、あいさつのことばは、業種や会社によって違うため、会社の習慣に従いましょう。

③自分のパソコンではきちんと見えている文字が、相手のパソコンでは違う記号や文字になってしまうことがあります。ローマ数字や、「(株)」のような省略文字、「①」のような丸付き数字は、文字化けする可能性があるので使わないほうがいいです。

④メールでは、「～です・ます体」を使います。ただし、話しことば（第5章第2節）ではなく、少し改まった書きことば（第5章第2節）を使います。

⑤メールの件名は、相手がメールを開かなくても内容がわかるものにすることが重要です。ただし、長すぎるタイトルは、一部が見えなくなることがあるため、できるだけ短くまとめるようにします。

解答例：第3回営業会議会議室変更のお知らせ

解説：
メールの件名は、メールを開かなくてもどのようなことが書いてあるかがわかるように書くことが必要です。しかし、長すぎる件名はひと目で全部読むことができないため、20文字ぐらいまでにまとめましょう。

5 お客さまに手紙を書くことになりましたが……（ビジネス文書の形式）　本文P.164

┃ クイズに答えましょう ┃

①
答え：ＡＢＣ株式会社　御中
解説：
個人名では「様」や「殿」を使い、会社名などには「御中」を使います。
②答え：東京商事
　　　　人事部長　鈴木　隆　様
解説：
「様」や「御中」などの敬称は、1つだけ付けます。会社名と個人名がある場合は、個人名のあとに付けます。
③
答え：各位
解説：
「各位」には「みなさま」の意味があるため、「各位殿」とすると「みなさまさま」の意味になってしまいます。

┃ 理解を深めましょう！ ┃

1.
解答：①B　②H　③E　④A　⑤F　⑥C　⑦G　⑧D
解説：
ビジネス文書の形式には決まりがあります。
①1番上の右側には日付を書きます。
②2番目の左側には受信者名を書きます。
③3番目の右側には発信者名を書きます。社外文書の場合は、会社名、部署名、肩書きなども入れます。
④4番目は、中央に表題を書きます。表題は、何についての文書なのかがわかるように付けます。
⑤5番目に、本文を書きます。
⑥⑦箇条書きにしたほうがわかりやすいものは、「記」と書いてその下にまとめます。
⑧最後に、右側に「以上」と書きます。

2.

解答：①× ②× ③○ ④○ ⑤×

解説：

①ビジネス文書には書式があり、会社で指定されていることもあります。書式に従って作成します。

②社内文書にも書式があります。

③日時や場所などは、文章ではなく、項目ごとに箇条書きしたほうがわかりやすいです。

④1つの文書の中は、「～である・だ体」か「～です・ます体」のどちらかに統一します。どちらを使うかは、文書の内容に合わせて選びます。

⑤会社によって書式やことばづかいが違うことがあります。自分の会社の書き方に従ってください。

3.

解答例：

・日　時：5月15日（金）午前9時半～午後4時

・場　所：健康相談室（6階）

・申込先：総務部　田中

・申込期限：5月8日（金）

解説：

　箇条書きをするときは、項目ごとにまとめます。ここでは、日時、場所、申込先、申込期限に分けるといいでしょう。

6 書類を送るように頼まれましたが……（はがきと封筒の使い方・書き方）　本文P.168

クイズに答えましょう

答え：④

解説：

　「様」は個人宛て、「殿」も個人宛てですが、「殿」は基本的には社内の人宛てに使います。「先生」は先生と呼ばれる職業の人宛てに使います。「各位」は複数の人に宛てに使いますが、表書きの敬称としては使えません。

理解を深めましょう！

1.

解答：①A ②D

解説：

①外部の個人宛てには「様」を使います。一般的に「殿」は内部の人向けです。

②個人宛でないものは「御中」を使います。ただし、複数の人に送りたい場合は、「各位」は手紙の宛て名では使えないため、「AB社の皆様」のようにします。

2.

解答：①A ②C ③F ④E ⑤D ⑥B ⑦H ⑧G ⑨J ⑩I

解説：
　縦書きだけでなく、横書きの場合も書く位置は同じです。

3.
解答：①C　②C　③B　④A
解説：
　決まった表現ですので、頭語と結語を合わせて覚えましょう。

7 電話に出るときのあいさつですが……（電話を受けるとき）　本文P.172

クイズに答えましょう

答え：③
解説：
①相手の話し方が悪いから聞こえないという意味になり、相手に対して失礼な言い方です。
②自分の日本語の聞き取りの力が問題である場合は、ほかの人に替わってもらう方法もあります。
　ただし、一方的に替わることを伝えるのではなく、「恐れ入りますが」といったクッションことば（第1章第7節）を使って、相手の了解を求めましょう。
③問題があるのは、相手の話し方でも自分の聞く力でもなく、電話の状況だということになります。

理解を深めましょう！

1.
①
解答例：
お待たせいたしました
②
解答例：
お世話になっております
③
解答例：
何番におかけでしょうか
④
解答例：
失礼ですが、どちら様でいらっしゃいますか
⑤
解答例：
もしもし
解説：
①電話が鳴ったら、3回以内に出るようにしましょう。
②取引先の電話には、自分が知らない人でも『お世話になっております』とあいさつをします。
③『間違っています』といった言い方は失礼になります。

④『誰ですか』といった言い方は失礼になります。

⑤電話が切れてしまったのではと思ったときは、『もしもし』と呼びかけます。

2.

解答：①× ②○ ③× ④× ⑤○

解説：

①1回鳴り終わらないうちに出ると相手が驚くため、1回は待ってから出ます。

②相手の会社名や名前、伝言の内容をメモするために、メモ用紙と筆記用具を用意しておきましょう。

③伝言を正確に聞くためには復唱が必要です。必ず、声に出して確認しましょう。

④席にいない理由を詳しく話す必要はありません。すぐに席に戻る場合は、『席を外しております』とだけ言います。

⑤「7時（しちじ）」は「1時（いちじ）」と聞き間違えやすいため、「ななじ」と言い換えるとよいです。

3.

解答例：

①恐れ入りますが、もう一度おっしゃっていただけますか

②申し訳ございません。お電話が遠いようなんですが

解説：

　相手の言っていることが聞こえないときは、まず丁寧にもう一度言ってもらうようにお願いします。しかし、何度もお願いしていると雰囲気が悪くなってしまいます。そのときは、『お電話が遠いようなんですが』という表現を使います。電話の状況が悪いという意味になり、相手はゆっくり大きな声で言ってくれます。

8 お客さまに電話をしたら注意されましたが……（電話をかけるとき）　本文P.176

■ クイズに答えましょう

答え：③

解説：

　携帯電話にかけるときも、基本的な電話のマナーは同じです。

①急用ではないかぎり、就業時間外に電話をするのは避けましょう。

②ビジネスの電話では、必ず、自分の会社名や名前を伝えます。

③携帯電話の場合、相手が外出中ということもあります。用件を話す前に、『今、お話ししてもよろしいでしょうか』と確認してから話すようにします。

④話が終わったときは、なるべく相手が切ったことを確認してから、静かに「切」ボタンを押します。

■ 理解を深めましょう！

1.

①

解答例：山田様をお願いいたします

②
解答例：今、お時間よろしいでしょうか
③
解答例：こちらこそ、お世話になっております
④
解答例：失礼いたします
解説：
① 『山田様はいらっしゃいますか』という言い方もあります。
② 話が長くなりそうなときは、相手の都合を聞いてから話し始めるようにします。
③ お客さまとの電話では『お世話になっております』というあいさつをしますが、相手が先に『お世話になっております』と言ったときは、『こちらこそ、お世話になっております』とあいさつを返します。
④ ビジネスの電話では、『さようなら』とは言いません。また、電話を終えるときは、相手が電話を切るのを待つようにしましょう。

2.

解答例：いいえ、ダヂヅデドのドに、小さいウ、ラリルレロのルで、ドゥルです。
解説：

　外国の人の名前は、日本人には聞き取りにくいことがあるため、はっきり発音しましょう。伝わらないときは、『あいうえおのあ』のように説明することもできます。自分の名前をどう説明するか考えておくといいでしょう。

3.

解答：①〇　②〇　③〇　④×　⑤×
解説：

①外国人の名前の発音は、日本人には難しいため、1つひとつの音をはっきり発音することが重要です。なお、姓（名字）と名前を区切ると聴き取りやすくなります。
②就業時間が始まってすぐの時間は、落ち着いて話ができない状態であることも多いため、避けましょう。
③周りの音も相手に聞こえますので、静かな場所を選んでください。
④ビジネス電話では、携帯電話であっても、必ず名乗ります。
⑤なるべく相手が切ってからが好ましいですが、相手も同じ気持ちであると、ずっと切ることができません。その場合は、電話をかけた人があいさつをして、静かに切ります。